행복한 부자들의
돈 그릇

행복한 부자들의 돈 그릇

초판 1쇄 2022년 07월 28일

지은이 백수환 | **펴낸이** 송영화 | **펴낸곳** 굿웰스북스 | **총괄** 임종익

등록 제 2020-000123호 | **주소** 서울시 마포구 양화로 133 서교타워 711호

전화 02) 322-7803 | **팩스** 02) 6007-1845 | **이메일** gwbooks@hanmail.net

ⓒ 백수환, 굿웰스북스 2022, *Printed in Korea*.

ISBN 979-11-92259-32-1 03320 | **값 15,000원**

A RICH

돈과 운이 저절로 찾아오는

행복한 부자들의
돈 그릇

백수환 지음

MIND

굿웰스북스

프롤로그

"부자가 되겠다고 결심했다면,

자신의 돈 그릇을 먼저 무한대로 키워라."

사람들은 누구나 부자가 되고 싶어 한다. 부자는 하늘에서 나는 것이
아니라 부자가 되기를 간절히 원하고 바라는 사람들의 것이 된다는 것을
말하고 싶었다. 누구나 힘들고 어려운 시절을 겪을 수 있고 또 예기치 않
은 사업 실패로 좌절할 수 있지만, 언제나 여기가 끝은 아님을 스스로 인
지하기를 바란다.

12년째 한 회사에 몸을 담고 누구보다 즐겁게 열심히 일해왔다. 언제
나 성실히 함께 일하는 사업자가 책을 쓰기에 많은 소재를 가지고 있다
며 책 쓰기를 권했다. 처음엔 아무런 지식 없이 책을 쓰는 일이 너무 어
려운 일이라는 생각을 했다. 누구나 인생을 살면서 자신이 살아온 발자
취를 남기고 싶어 한다고 생각한다. 나도 그런 사람 중에 한 명이었다.
그런데 지금은 너무 빠른 것 아닌가 하는 생각을 했다. 아직은 더 많은
일을 이루고 더 많은 부를 이뤄야 한다는 생각에 조금은 망설였다. 책을
쓰기 위해서는 일정한 자격이 필요하다고 생각했다.

어릴 때 잠시 작가가 되기를 꿈꿨지만, 어른이 되어 결혼하고 평탄하지 않은 삶을 사느라 어느새 잊고 살았다. 용기를 내서 책 쓰기를 결정하고 『행복한 부자들의 돈 그릇』이란 제목으로 글을 쓰면서 혼자서 쉽지 않았다. 특별한 글재주가 있는 사람도 아닌 내가 책 한 권을 완성했다는 것은 기적이라는 생각이 든다.

이 글을 쓰면서 부자들의 돈 그릇은 어쩌면 무거울 수 있는 소재라고 생각했다. 하지만 어려운 용어도 없이 그저 편하게 글을 썼다. 편협한 생각이 많이 들어가 혹시라도 공감이 되지 않으시더라도 너그럽게 이해해주시기를 바랄 뿐이다.

사람들의 편견 속에서 각광 받지 못하는 네트워크 사업을 통해 부를 이룬 이야기를 다뤘다. 여러분도 단순히 부자가 되기를 원한다면 단 한 번이라도 편견을 내려놓고 부러워하지만 말고 당당히 나서보기를 바란다. 세상에 다양한 직업이 있다. 그리고 부자가 되기 위한 길은 많지만, 대부분 그렇다 할 자산도 실력도 없는 사람들이 훨씬 더 많지 않은가? 가장 평범한 사람이 부의 추월차선을 탈 수 있는 유일한 방법이 있다면 한 번쯤은 신중하게 받아들여보기를 바란다.

어릴 때부터 가난이란 역병 속에서 각자 살길을 찾아서 살기에 바빴던 우리 집 9남매들을 봐도 인생에 특별한 조언자나 스승이 없었다. 그러다 보니 뒤늦게야 깨닫고 서로 형제를 돌아볼 시기에는 이미 조카들이 다 큰 어른이 되어서 같이 늙어가고 있다. 그저 세월이 가는 것이 아쉽고 세월 앞에서 장사가 없다는 것이 안타까울 뿐이다. 나는 이 책을 쓰는 내내 어릴 때부터 가지고 있던 가족에 대한 원망과 미움을 내려놓기로 작정했다.

혼자 힘겨운 삶을 살 때 가족의 도움도, 주위에 도움도 받을 사람들이 없다면 더욱 이 책에 쓰인 내용들을 더 자세히 보기를 바란다. 세상의 많은 사람들과 동행하고 서로의 꿈을 응원하며 유일하게 함께 갈 수 있는 네트워크 사업으로 지금 이 자리에 있는 내가 자랑스럽다. 세상에 편견을 깨고 꾸준히 내 삶을 사는 것은 아마도 가진 것 없는 사람들도 부자가 될 수 있다는 희망을 보여주는 사람이 되기를 바라는 것은 아닐까 한다.

누구나 세상을 살면서 소중한 가족과 함께 건강하고 행복한 삶을 꿈꿀 것이다. 이런 분들과 소중한 이야기를 나누고 싶다. 더불어 이 책을 만나는 모든 분의 3년 후, 5년 후, 10년 후의 삶이 더욱 풍요로워지고 행복하기를 간절히 바란다. 그리고 부자가 되겠다고 결심했다면, 자신의 돈 그릇을 무한대로 먼저 키워라. 이왕이면 절대로 깨지지 않을 크고 단단한 그릇으로 준비하라.

지금까지 이 책이 세상에 나올 수 있도록 힘과 용기를 주신 하나님께 진심으로 감사를 드리고, 항상 잘되기를 바라면서 늘 기도해주시는 행복한 교회 식구들과 목사님께 진심으로 감사드린다. 책을 쓰면서 아낌없는 조언으로 코칭을 해주신 〈한국책쓰기강사양성협회〉 김태광 대표코치님의 도움으로 책을 완성하게 되었다. 책을 쓰는 내내 의식이 내려가지 않도록 도움을 주신 권동희 대표님께도 엄청난 도움을 받았다. 두 분께도 감사의 마음을 전한다.

책을 마음 놓고 쓸 수 있는 환경과 가장 소중한 부의 원천이 된 르네셀이 있었기에 책을 출간할 수 있었다. 이 자리를 빌어 초창기부터 탁월한 제품력으로 업계 최고의 브랜드를 탄생시킨 르네셀의 이진기 회장님, 안정적이고 탄탄한 기업을 만드는 선두에 서주신 ㈜카리스 박우섭 대표님, 처음부터 지금까지 동고동락해주신 임원진들께도 진심으로 감사하고, 먼저 이 사업을 만나서 걸어온 길을 존중해주며 성실히 함께해준 세상가장 멋진 팀원들에게 진심으로 감사하고 따뜻한 사랑의 마음을 전한다.

마지막으로 세상에 남은 사랑하는 두 아들 김인우, 김도영에게 초년에 함께하지 못해 아팠던 기억들이 눈 녹듯이 사라지기를 바라며 이 책을 바칩니다.

2022년 여름, 백수환

목
차

4장

행복한 부자는
돈 그릇이 다르다

1장

열심히 살아도
가난한 이유

우리는
열심히 살면 부자가
된다고 배웠다

나는 어릴 때부터 유난히 우리 집이 가난한 것을 창피하게 생각했다. 그래서인지 서점에서도 돈, 부자, 마인드, 성공, 운이라는 단어가 들어간 책이 유독 눈에 들어왔다. 그중에서도 부자라는 단어를 읽으면 기분이 너무나 좋았다. 물론 지금도 부자에 관한 책들을 가장 좋아한다. 그런데 아이러니하게도 부자들에 관한 책들 중에서 열심히 살면 부자가 된다고 정의해놓은 책은 어디에도 없었다. 이상하지 않은가? 우리는 어릴 때부터 열심히 일하고 열심히 살면 부자가 된다고 배웠는데 말이다. 학교에서도 선생님께서는 심지어 열심히 공부하면 성공하고 훌륭한 사람이 된다고도 가르쳤다.

과연 그 말이 맞는 것일까? 만약에 그 말이 맞는다면 우리 부모님도 부자로 살았어야 맞다. 지금도 열심히 사는 사람은 부자가 되어야 맞다. 하지만 열심히 산다고 사람들이 다 부자가 되는 것은 아니었다.

초등학교 입학 전 나의 어릴 적 첫 기억은 이사의 기억이다. 내가 살던 동네에서 다른 지역으로 이사하던 기억이 나에겐 아직도 생생하다. 나중에 안 사실이지만 영산강 하구 우리 동네는 비만 오면 집들이 물에 잠기는 홍수 피해가 심했다고 한다. 하는 수 없이 마을 사람들은 고향을 등지고 타지로 이주할 수밖에 없었고 우리 고향은 집단 이주지역이 될 수밖에 없었다.

어릴 때의 첫 기억이 이사하던 모습이라서 그런지 나는 유난히 이사하는 것을 싫어한다. 이사하느라 힘들었던 모습만 남아 있기 때문이다. 내키의 3배나 되는 짐을 한가득 실은 작은 손수레를 아버지가 앞에서 끌고 엄마는 뒤에서 미시는데, 엄마는 쉴 새 없이 신세 한탄과 불만을 터뜨리셨다.

"내가 미쳤지, 이런 집구석으로 시집와서 애들은 뭐 하러 이렇게 많이 낳았을까."

"얼굴도 못 본 중매쟁이한테 속아서 결혼했네." 그렇지 않아도 힘든 이 사길인데 엄마의 쉴 새 없는 신세 한탄에 두 배나 힘들어하셨던 아버지 모습이 잊히지 않는다. 어릴 때의 첫 기억이 행복은커녕 이러한 기억이 라는 사실이 몹시 씁쓸하다.

그렇게 힘든 이사를 하고 낯선 동네에 익숙해질 즈음 이사 갔던 동네 도 홍수가 나곤 했다. 우리 집 마루까지 물이 아슬아슬하게 차올랐다. 하 지만 힘든 이사의 기억 탓에 더 이상 이사를 하지는 않았다. 그런 수난을 겪으면서 지지리 궁상스럽게 살았던 기억밖에는 없다.

아버지와 엄마는 꽤 나이 차가 났다. 할아버지라 해도 믿을 만큼 우리 아버지는 친구들 아버지보다 훨씬 늙은 모습이셨다. 심지어 나에겐 언 니 오빠들이 많았다. 없는 살림에 11남매를 낳으셨고 그중 2명의 오빠가 다섯 살, 일곱 살에 죽었다고 한다. 그래서인지 엄마는 평생 가슴에 한이 서려 있으신 것 같다.

어린 마음에 나는 가끔 '뭐 하러 이렇게 자식을 많이 낳았을까? 그래서 더 가난할 수밖에 없었던 것은 아닐까?' 궁금해했다. 가난하면서도 자식 을 많이 낳은 우리 부모님을 원망하기도 했었다.

우리 부모님은 하루도 열심히 살지 않은 적이 없다. 농번기 때는 남의 집의 농사일을, 농한기 때는 새끼를 꼬아 가마니와 멍석을 만들어 내다 팔았고, 소를 키워 소테크도 열심히 하셨다.

하지만 너무나 가난했기에 사소한 먹거리 하나도 흔쾌히 사주지 않았다는 것이다. 새 옷이라도 사달라고 하면 온종일 욕을 먹었다. 언니는 그런 부모님의 거절에 욕망을 쉽게 포기해서인지 착하다는 소리를 들었다. 반면에 나는 하고 싶거나 갖고 싶은 것이 있으면, 손에 쥘 때까지 좀처럼 포기하지 않았다. 철없는 막내딸인 셈이었다.

아버지는 내가 여덟 살 초등학교 2학년 때 63세의 나이로 돌아가셨다. 아버지가 돌아가신 후 엄마 혼자서 생계를 꾸려갈 수밖에 없었기에 하루도 쉬지 않고 더 열심히 일하셨다.

중학교에 입학한 나는 육성회비도 기한을 넘겨서 매번 꼴찌로 냈다. 친구들 앞에서 내 이름이 불릴 때마다 얼마나 창피했는지 모른다. 나는 공부보다는 가난하다는 걸 들키지 않는 것을 목표로 하며 애를 쓰며 학교에 다녔다. 이미 그때의 나는 열심히 살아도 가난을 벗어날 수 없다고 생각했던 것 같다. 내가 마주하며 살아온 주변 사람들의 삶은 내가 보기에 늘 가난했다.

고등학교 입학 시기가 되었을 때 엄마의 능력으론 언니와 나의 학비를 마련하기가 어려울 게 뻔했다. 이미 장성한 언니 오빠들도 있었지만, 엄마는 도움을 요청하려 하지 않았고 도움을 받아야 할 때는 매번 미안해하고 쩔쩔매던 엄마의 모습이 선명하게 떠오른다.

그런 상황이었던 만큼 나는 고등학교 진학을 일찍이 포기하고 대신 돈을 벌어야겠다고 생각했다. 하지만 선생님은 '우리 세대는 앞으로 중졸은 취직도 어렵고 사회생활도 잘할 수 없다'라며 고등학교 학비를 지원해주는 곳을 안내해주셨고, 덕분에 고등학교 3년 내내 조간신문 배달을 해서 졸업장을 받을 수 있었다.

반면 열심히 공부만 하고 학교에 다녔던 언니는 없는 형편에 자취방을 얻어야 했고, 굶기를 밥 먹듯 하며 학비도 정말 어렵게 마련했다. 그런 기억이 가슴에 서럽게 남아 있는지 지금도 그때 이야기를 할 때는 눈물을 글썽인다. 그렇게 열심히 공부한 언니는 고등학교를 마칠 때쯤 직장에 취직해서 돈을 벌 기회가 생겼다. 상업고등학교에서 상위 성적을 달리던 언니였기에 은행에 취직하기를 바랐지만 취업한 곳은 'ㅇㅇ반도체'. 엄마는 말만 하면 다 알 만한 대기업에 취직했다고 동네 사람들에게 입에 침이 마르도록 언니를 자랑하셨지만 나중에 알고 보니 ㅇㅇ반도체는 3교대 근무를 하는 생산직이었다.

3교대 생산직으로의 취업, 왜 그렇게 열심히 공부했을까? 왜 어떤 일을 하는지 잘 알아보지도 않고 취업해야만 했을까? 빨리 취직해야만 한다는 급한 마음 때문은 아니었을까? 누군가에게 물을 수도 없었던 무지함 때문은 아니었을까?

언니는 열심히 살았고 또 살고 있지만 지금도 부자는 아니다. 언니뿐만이 아니라 열심히 공부했던 친구들도 다 잘살고 성공하지는 않는 것 같다. 부모님 세대보다 문명의 혜택을 받고 사는 것 외에는 그저 부모님들의 전철을 밟으며 사는 것은 아닌가 싶다.

그래서 나는 열심히 살면 부자가 된다고 입버릇처럼 말했던 어른들의 말을 부정하는 한 사람이 되었다. 열심히 살아도 평생 가난할 수밖에 없었던 이유는 따로 있다고 말해주고 싶다.

우리 집만 보더라도 그렇게 많던 논 중에 우리 집 소유는 단 한 마지기도 없었다. 남의 일을 해주고 품삯을 받아 겨우 먹고사는 문제만 해결하는 삶을 열심히 살았을 뿐이다. 마치 이렇게 살다 보면 막연히 언젠가는 부자가 되겠지 하는 바람만 가지는 삶 말이다. 저 무지개 너머 새로운 세상이 있다는 새빨간 거짓말을 믿게 만드는 삶 말이다. 막연히 들었던 그런 이야기. 그리고 자신이 사는 모습에 별다른 의미를 부여할 수 없는 삶. 극소수 사람들과 나누던 이야기 속에서 삶의 방식을 찾아왔던 사람들은 결국 그런 삶에 속아 넘어가는 수밖에 없었던 것은 아닐까?

나도 아이들에게 한때는 "열심히 공부해.", "열심히 하면 된다."라는 말을 입버릇처럼 했었다. 하지만 지금은 열심히 하라는 말 대신 뭘 하면 잘할 수 있을지를 묻는다. 그리고 어떻게 살고 싶은지를 묻는다. "열심히 해."라고 말하기보다는 "재밌게 해."라고 말한다. 뭔가 억지로 하는 느낌을 받으면 그 일을 대신해서 하고 싶은 일을 찾으라고 말한다.

나는 지금까지 부자가 될 수 없는 이유를 제대로 정리하지 못했던 것같다. 하지만 이제는 열심히 일해도 부자가 되지 못하는 이유를 알아냈다. 익숙한 환경에서 비슷한 사람들끼리 나누던 삶 속에서는 더는 보이지 않았던 것 말이다. 결국, 우리는 누구에게서도 가난하게 살지 않는 법을 배우지 못해서, 부모님들이 살아오신 방식대로 살아왔던 것이다.

만약 좀 더 어릴 때 부자가 되는 방법을 알았더라면 어땠을까? 방법을 알았더라도 주위 사람들과 다르게 살 수 있었을까? 그렇지 못했을 거라는 생각에 힘을 실어본다. 열심히 일해도 가난하게 살 수밖에 없었던 부모님을 보아왔을뿐더러 어른이 되어서도 '다 이렇게 사는 거야'라고 위로하며 살아온 것이 분명하기 때문이다.

하지만 지금은 말할 수 있다. 열심히 살면 부자가 된다고 믿었던 말들에 배신감을 느끼지 않으려면 이제는 물어봐야 한다. 누구도 내게 부자가 되는 법을 알려주지 않았다. 그래서 나는 서점에 나와 있는 수많은 성공자의 서적과 주위의 부자들을 보면서 과감히 문을 두드리며 배워가고 있다. 나이 때문에 혹은 현재 자신의 형편 때문에 늦었다는 생각이 들 수도 있다. 그러나 열심히 살아도 부자가 되지 않는 경험을 하는 지금이 어쩌면 또 다른 기회의 문 앞에 서 있음을 알려주는 신호음이라 생각해보자. 나도 한때는 열심히 살아도 부자가 못 된다는 생각에 '이렇게 살면 뭐하나' 하며 자포자기했었다. 빚에 허덕일 때는 죽음을 생각하기도 했다. 그리고 그렇게 마지막까지 치닫고 나서 문득 정신이 들 때면 지금 사는 대로 살지 말아야 한다고 생각하며 부자가 되어야 하는 이유를 찾을 수밖에 없었다.

지금 나에겐 부자가 되어야 하는 확실한 이유가 있다. 그래서 열심히만 살라고 안내했던 내비게이션을 과감히 던져버렸다. 그러곤 부자가 되는 길을 안내해주는 최신형의 내비게이션을 선택했다. 새로운 길이 생기면 빠르게 업데이트 받으며 속도를 늦추지 않는다. 자신이 열심히 사는데 부자가 아니라고 생각하고 있다면 이제는 부자가 되는 길을 안내해주는 내비게이션을 과감하게 선택하기를 바란다.

02

열심히
살아도
가난한 이유

40대 후반부터 지금까지 나는 차분하게 나를 돌아볼 여유를 갖지 못할 만큼 바쁘게 살아왔다. 그래서인지 나는 가끔 내가 힘들었던 때가 있었나 생각할 만큼 어려웠던 시절이 기억에서 조금씩 사라지고 있는 것 같다.

그때는 죽을 만큼 힘들어서 다시는 이렇게 살지 않겠다고 다짐하며 살았던 탓일까? 굳이 떠올리고 싶지 않아서일까? 지금은 돈 걱정하면서 사는 형편이 아니기 때문일까? 나도 다른 사람들에게 지난 세월에 어떤 모습으로 비쳤을지 생각해본다.

나는 일을 하면서 다양한 직업군의 사람들을 만났다. 택시회사를 운영하는 사장님, 노래방을 운영하는 분, 어느 건설회사 대표님, 개인 유튜브 방송을 소신껏 열심히 해나가는 분들, 전직 경찰관에서 퇴직하신 분, 네일숍을 운영하는 사람, 작은 보세 옷가게 사장님, 보험회사 영업사원으로 일하는 분들 등 셀 수 없이 많은 사람을 만난다. 그 밖에도 골프연습장 사장님, 작은 꽃가게 사장님, 식당 사장님, 고급 보디 관리실을 운영하는 원장님, 커피숍 사장님, 프랜차이즈 사장님, 제조업체 사장님 등등 몇 장의 지면에 나열해도 부족할 만큼 다양하다. 적어도 모두가 한 분야에 종사한 지 5년은 족히 넘는 분들이다. 많게는 30년, 40년 이상 종사한 분들도 있다.

이런 분들과 이야기를 나누다 보면 스스로 열심히 살았다는 분들도 있고, 또 묵묵히 남의 이야기를 듣고 자신의 이야기를 잘 하지 않는 분들도 있다. 시대의 흐름을 타지 않는 사람들도 있고 시대에 맞춰 자신이 하는 일들의 플러스 요인을 찾는 사람들도 있다. 또한, 변해야 한다는 건 알지만 굳이 남과 비교해서 아직은 괜찮다고 생각하는 사람들이 있다.

분명한 건 내가 게을러서 부자가 되지 못했다는 분들은 단 한 명도 없었다. 모두 세상을 열심히, 부지런히 살았다고 한다. 그렇지만 그분들 역시 주위에 부자 친구가 많이 없다는 생각이 들었다. 설사 있다 하더라도 자신보다 조금 더 나은, 몇 안 되는 사람이 있을 뿐 진짜 부자는 없어 보였다. 그런데도 모두 한결같이 주위 사람들과 비교하면서 시간이 지날수록 벌어지는 격차를 인지하지 못한 채 살아간다.

작은 알코올램프 위에 비커를 올리고 그 안에 개구리를 넣는다. 물은 서서히 따뜻해지다 시간이 점점 지나면서 뜨거워진다. 하지만 개구리는 물이 따뜻해지다가 물이 뜨거워지는 걸 감지하지 못한다. 혹시 감지하더라도 막상 뛰쳐나가지 못하고 결국 개구리는 익혀져버린다. 사람들도 그런 실험 속 개구리와 같다는 생각이 든다. 아주 협소한 범위의 사람들과의 관계 속에서의 눈치 없는 무지함이 그렇다. 설사 알아차렸다 하더라도 과감히 박차고 나가지 못하는 개구리처럼 체념하는 것이 그렇다. 도전조차 해볼 생각을 하지 못하는 사람들이 대부분이다. 그들은 열심히 살아도 부자가 되기는 힘들다고 쉽게 체념하고 포기하면서 살게 된다.

어릴 때 내가 가장 부러워했던 친구가 있다. 초등학교 옆에서 문방구를 운영하고 집 앞에 논도 꽤 많았던 동네 부자 친구의 부모님은 우리 부모님보다 훨씬 젊으셨다. 나는 친구 집에 놀러가는 것을 좋아했다. 그런데 친구 집에서 놀다 오는 날이면 유난히 엄마 말씀을 듣지 않고 골을 내며 투정을 부렸다. 어린 마음에 우리 집에서 느낄 수 없는 분위기, 부드

럽고 다정한 말씨가 부러웠다.

그러나 먹고사느라 막막한 하루하루를 전투적으로 사는 엄마의 말투가 그리 고울 리 없었다. 그래서 나는 은근히 우리 집 분위기를 싫어하게 되었고, 어릴 때부터 갖고 싶은 것이 생기면, 내 손에 그것을 쥘 때까지 반항이라도 하듯이 엄마를 성가시게 했던 것 같다.

옆집의 친구네도 동네 구멍가게도 하고 일손이 부족하면 동네분들에게 품삯을 주고 일을 시킬 만큼 부농이었다. 반면 우리 집은 남의 일을 해주고 버는 소득 말고는 다른 소득원이 없었다. 두 친구의 집은 몇 개는 되는 소득원이 말이다. 그렇게 부자들은 돈벌이 수단을 계속 늘려가는 거로 생각했다. 게다가 젊으신 친구 부모님들이 내내 부러울 수밖에 없었다.

생각해보면 친구 집에서 느낄 수 있었던 여유를 우리 집에서는 한 번도 느끼지 못했다. 그러다 보니 나는 부자인 친구 집이 부럽기만 했다. 이는 자꾸만 나를 위축되게 만드는 요인이 되었다. 누군가 내게 너희 집은 가난하다고 말해준 사람도, 친구가 부자라고 말해주었던 사람도 없다. 그런데 신기하게도 나는 다른 친구들보다 우리 집이 지지리 가난하다는 사실을 너무 빨리 알아버렸다. 그 탓에 나는 훨씬 행복하지 않은 어린 시절을 보냈던 것 같다.

어릴 때나 지금이나 남들하고 비교하면서 자신이 불행한 삶을 산다고 생각하는 것, 그것이 평생 가난할 수밖에 없었던 이유 중 하나라는 생각이 든다. 더 많은 사람을 다양하게 만나지 못하며 살다 보니 가까이 있는 사람이 비교 대상이 될 수밖에 없었다. 그러면서 그 좁은 틀 안에서 "부자는 타고 난다.", "부자는 하늘이 내린다."라는 말을 자주 듣기도 했다. 나는 왜 하늘에서 내리는 부자가 될 수 없었던 것일까? 가난한 현실을 이유도 모른 채 수긍하며 받아들여야만 했던 어린 시절을 기억에서 지울 수가 없다.

나는 스물네 살, 남편은 스물다섯 살에 결혼했다. 하지만 가장 행복해야 할 신혼 시절에 결혼 우울증을 겪어야 했다. 너무 막막한 미래가 두렵고 힘들었던 탓인지 열병을 앓기도 했다. 너무 고통스러워 아무도 모르게 멀리 떠나버릴까도 생각했다. 물론 남편에게 말할 수도 없었다. 그런 탓에 훨씬 더 힘들었다. 그렇게 한창 즐거워야 할 때 걸린 우울증은 어쩌면 젊은 나이에 가정을 꾸리게 된 남편에게도 미안한 일이었다. 우리는 둘 다 어른이 되기에는 어린 나이였을 수도 있다. 그러나 내가 결혼을 서두르게 된 이유는 따로 있었다.

언니와 나는 어찌어찌하다 어린 조카들이 둘이나 있는 오빠 집의 한

방을 차지하고 눈치를 보며 얹혀살게 되었다. 지금도 생각하면 불편하고 힘들었을 오빠 부부에게 그저 미안한 마음이 든다. 그런 연유로 빨리 독립하고 싶었고 독립하기 가장 빠른 방법이 결혼밖에 없다고 생각하게 되었다. 직장을 다니면서는 뻔한 월급을 모아서 경제적으로 독립하기는 힘들었다. 하고 싶은 것을 할 수도 없고, 갖고 싶은 것을 갖지 못하며 사는 삶이 너무나 힘들었던 것 같다. 한창 하고 싶었던 것도 많았던 나의 20대도 그렇게 즐겁지 않았다. 열심히 살아도 가슴에 있는 욕구를 삭이며 살 수밖에 없었던 시간이 내게 너무 아픈 기억이기도 하다. 오로지 독립을 목적으로 결혼을 선택했다. 물론 사랑하는 사람이었던 것도 맞다. 하지만 경제적인 여건이 어려운 상황에서 준비하는 결혼이 그리 즐거울 수는 없었다.

그런 현실을 받아들이는 것만이 독립할 수 있는 유일한 길이라는 생각 외에는 다른 생각을 할 수 없었다. 좀 더 현명한 생각을 하지 못하고, 누구에게 조언을 구할 수도 없었다. 그냥 열심히만 살았다는 것이 내가 가난하게 살 수밖에 없었던 이유 중 하나였다.

03

어떻게 하면
잘살고 잘 벌 수
있을까?

'잘산다'는 것의 정의는 무엇일까? 어떤 사람들은 하루 세끼만 잘 먹고 살아도 행복하다는 사람들이 있고, 어떤 사람들은 다른 사람들보다 가진 것이 너무 많은데도 더 갖지 못해서 불행한 사람도 있다. 잘산다는 것과 잘살지 못한다는 것은 삶의 기준이 어디에 있느냐에 따라 다른 것 같다. 단, 돈은 이만하면 충분하다는 사람들은 없는 것 같다. 그 누구도….

정말 창피한 이야기지만, 나는 IMF 이후에 신용불량자였다. 천만 원 정도 되는 돈을 제때 갚지 못해서 무능한 사람으로 전락했다. 직장을 다녔을 때는 안정적이었지만 돈이 모이지 않아서 절대로 꿈을 이룰 수 없는 삶이었다. 처음 네트워크 사업을 하면서는 돈을 벌기도 했지만, 어느 순간 거품처럼 사라져버렸다. 그리고 회사가 문을 닫으면서 곤란한 상황들이 생기기 시작했다. 큰돈을 투자하지는 않았지만, 시간이 지나면서 위험이 커지기 시작했다. 돈을 벌지 못하고 계속 돈을 쓰기만 하는 시간이 길어지다 보니 여유롭지 못한 삶을 살 수밖에 없었던 시절이 있었다. 그렇게 빚에 허덕이던 때가 엊그제 같다.

나는 돈을 좋아한다. 그 어느 자리에서도 돈을 좋아한다고 말한다. 또 부자가 되고 싶다는 생각을 끊임없이 했다. 돈을 좋아하는 만큼 돈 쓰기도 좋아하다 보니 항상 돈은 내 주머니에서 다른 사람 주머니로 순식간에 옮겨간다. 나는 돈을 모으는 재주보다는 쓰는 재주가 훨씬 더 많은 것 같다. 이런 자신이 때로는 호구는 아닌가 생각도 했었다. 하지만 나는 누군가에게 무엇인가를 나누고 주는 것에 더 많은 기쁨을 느낀다는 것을 알고 난 후에는 훨씬 더 많은 돈을 벌어야 한다고 생각했다. 그리고 더 많은 돈을 벌게 해달라고 기도했다. 돈이 누군가를 기쁘게 할 수 있는 위력이 있다는 것을 알고 난 후 돈을 쓰는 순간이 너무 행복하다. 내가 행복하게 사는 방법 중에 하나이다.

어느 날 문득 '언젠가 내게 남아 있는 돈이 없어지면?'이란 생각을 하게 되었다. 생각만으로도 금세 우울해졌다. 그때 돈을 관리하는 방법도 배워야겠다고 생각했다. 처음에는 무조건 베푸는 것이 행복했지만, 내게는 돈을 관리하는 능력이 필요하다고 느낄 때 비로소 나도 하나를 배우고 깨닫게 되었다. 하지만 잘 사는 방법은 언제나 누군가에게 베푸는 것이다. 큰 것이 아니어도 내가 가진 것 중에 일부라도 나눠줄 수 있다면, 또 상대가 필요한 것을 기꺼이 나눠줄 수 있을 때 나는 정말 행복하다.

친구들끼리 가끔 안부를 묻고 답할 때 "잘살고 있니?" " 응, 나 잘살고 있어!"라고 한다. 뭔가 식상하다. 그렇다고 '어떻게 잘살고 있어?'라고 물으면 상대방 기분을 상하게 하기 일쑤이다. 현실적으로 어떻게 사는지 묻는 말이지만 캐묻는다고 생각하기 때문이다.

나부터 현실적인 문제를 잘 해결하고 건강하게 잘사는 것이 매우 중요한 것 같다. 누구에게나 행복한 삶의 형태가 다 같을 수는 없다. 각자의 삶을 정의하고 자신이 원하는 대로 사는 것이 잘사는 것이라고 생각한다. 하지만 멈추지 않고 자신이 정말 원하는 것이 무엇인지 고민하면서, 그 욕망이 큰 것이든 작은 것이든 채우면서 사는 것이 잘사는 것 아닐까?

부모님들 세대부터 우리에게 가르치기를 '갖고 싶은 것을 어떻게 다 갖고 살아! 사고 싶은 것을 어떻게 다 살 수 있겠어!'라며 자꾸 욕망을 끌어

내리며 살았던 시절은 없었는가? 생각해보라. 분명히 있을 것이다. 이제는 그렇게 말하지 않고 이렇게 말해주었으면 한다.

"그래, 뭘 갖고 싶니? 네가 갖고 싶은 것이 무엇인지 하나하나 생각해서 써봐. 다 가질 수 있어! 무엇이든 원하면 다 가질 수 있단다."

살면서 자신이 원하는 것들을 먼저 알고, 소소한 성취감을 맛보는 기쁨이 가장 짜릿하게 느껴진다. 무엇이 자신을 가장 행복하게 하는지 알아야만 이룰 수 있다. 그리고 그렇게 고민하고 이루며 사는 것이 잘 사는 삶이다.

"여기서 어디로 가야 할지 좀 알려줄래?"
"그건 네가 어디로 가고 싶은가에 달렸지."
"어디든 별로 신경 쓰지 않아."
"그럼 어디로 가도 상관없겠네."

루이스 캐럴의 『이상한 나라의 앨리스』에 나오는 대화를 읽어보면 '체셔캣'은 어디로 갈 것인지를 알려달라는 앨리스에게 '목적지가 없다면 어디로 가든 상관 없는 거지?'라고 묻는다.

어떻게 하면 잘 살 수 있을지보다는 자신이 어떻게 살고 싶은지를 정하는 것이 우선이다. 그래야만 자신이 정한 목적지에 도달한 기쁨을 느끼며 훨씬 더 행복한 삶을 살 수 있다. 자신의 삶에서 무엇을 기대하는지 생각하는 것으로부터 출발해야 한다. 이런 기대가 자신의 생각과 삶을 변화시키는 원동력이 되고 곧 살아가는 힘이 된다. 하지만 바라는 삶을 먼저 생각하지 않으면 바라는 것 없이 흘러가는 대로 살게 된다. 그러다 보니 많은 이들이 평범한 일상으로부터 얻어지는 소확행에 만족하며 잘 살고 있다고 착각하기도 한다. 하지만 우리는 사는 대로 생각하는 삶이 아니라, 생각하는 대로 사는 삶을 선택해야 한다.

잘 버는 일은 어떤가? SNS나 주변 사람들에게서 어떤 직업을 통해 돈을 잘 버는 사람들의 이야기를 듣는다. 또 수많은 책들로부터 돈 버는 정보들을 알게 된다. 직장 생활을 하는 사람들은 잘 버는 일보다는 안정을 추구하는 사람들이기 때문에 직장에서 돈을 잘 벌기는 어렵다고 생각한다. 직장인이 부자가 되었다는 이야기는 잘 들어보지 못했기 때문이다. 직장생활을 하면서 재테크에 관심을 가지고 주식과 부동산을 공부해서 부자가 되었다는 이야기는 들어봤다. 혹은 과감히 사표를 던지고 자신이 하고 싶은 일에 뛰어들어 부자가 되었다는 말도 들어봤다. 그러나 직장인은 안정적인 삶을 추구하기에 이미 부자가 되기를 포기한 사람들이라고 생각할 수밖에 없다.

우리가 사는 세상은 이미 정보의 바다이기 때문에 돈을 더 벌기 위한 대안을 찾는 일은 그리 어렵지 않다. 하지만 많은 사람이 투자하기도 전에 이익을 얻고 싶어 한다. 아주 조금 투자하고 엄청난 이익을 얻기를 원한다. 그러나 세상의 이치는 자연의 이치와 같다. 농부가 농사를 짓는 일과 같다. 씨를 뿌리기 전에 가장 좋은 옥토밭으로 만들어야 한다. 그리고 좋은 종자를 골라서 씨를 뿌려야 한다. 정말 반듯하게 정돈된 밭에다 씨를 뿌려야 한다. 추수하기까지는 시간이 필요하다. 오늘 씨앗을 뿌리고 내일 수확하기를 바라는 농부는 없을 것이다. 씨를 뿌리고 제철에 부는 바람과 비와 적절한 양분을 제공하는 것은 농부의 몫이다. 농사도 이런 과정을 거쳐서 열매를 얻고, 마침내 자기 손에 1년 동안의 수고함을 돈으로 환산 받는다.

요즘 대부분 사람들은 오로지 돈을 잘 버는 데만 관심이 있는 것 같다. 돈이 없으면 불편한 세상이다 보니 당연한 일인 것 같기도 하다. 하지만 투자에 관한 뚜렷한 지식 없이 돈 버는 일이라는 말만 듣고 성급한 투자를 하다 보면 원치 않는 손해를 보는 경우도 허다하다.

세상엔 돈벌이 직업들이 있지만, 두 부류만 생각해보자. 정말 좋아하는 일을 하지만, 돈이 그리 잘 벌리지 않는 직업을 가진 사람들, 좋아하지 않은 일을 하면서 돈을 엄청 많이 벌어들이는 사람 중 당신은 어느 부류에 속하고 싶은가? 정말 난감하지 않은가? 무엇을 하든 다른 사람들이 사는 만큼의 즐거움을 누리고 싶어 한다. 잘살고 싶어 한다. 돈을 많이 벌어서 풍요로운 생활을 하기를 원한다.

부자로 살고 싶고 잘살고 싶다면 부자가 되기를 원해야 한다. 그리고 더 나은 삶을 원한다면 지금보다 더 나은 사람이 되어야 한다. 끓어오르는 욕망을 잠재우지 말고 지금이라도 마음을 먹고 행동으로 옮겨라. 이 모든 것을 행동으로 옮기지 않으면 절대 아무 일도 일어나지 않을 것이다. 농부의 씨 뿌리는 비유를 들었듯이 너무 성급하게 결과를 바란다면 낭패를 볼 수 있는 일이 세상에 허다하다. 돈을 버는 일에만 치중하면 자신의 삶에 지금 있어야 할 즐거움과 기쁨이 사라질 수 있다. 돈을 많이 버는 것도 중요하지만 살면서 무엇을 추구하면서 사는지도 중요하다. 지금 무엇을 추구하며 사는지가 정리되지 않으면 돈만 좇는 삶을 살아가게 된다. 먼저 어떻게 살고 싶은지, 부자가 되고는 싶은 것인지, 어떤 부자가 되고 싶은지부터 정리해보라.

04

월급만으로
절대 부자가
될 수 없다

예전에 어른들은 좋은 직장 들어가서 착실하게 잘 다니면 잘살 수 있다고 말했다. 그래서 공부를 잘해야 한다고 했고, 그래야 좋은 직장에 취직할 수 있다고도 말했다.

사람들은 좋은 대학을 졸업하고 좋은 대학을 졸업하면 다 좋은 직장에 취직되는 줄 알았다. 더 열심히 스펙을 쌓을수록 더 잘된다고 생각했을 때도 있다. 반면 나는 아무런 스펙이 없고 겨우 고등학교 졸업장 하나 딸랑 있다. 나는 내가 정말 한심하고 불안할 때가 있었다. 그런데 시간이 지나고 보니 정작 그런 이유로 불안하고 자신감 없을 이유가 없었다는 생각이 들었다.

내가 좋아했던 중학교 동창생 J라는 친구는 공부를 곧잘 해서 좋은 대학을 가고 좋은 직장에 취직했을 거라고 생각했는데, 어느 날 다른 친구를 통해서 공무원이 됐다는 소리를 들었다. 나는 그때 적잖은 실망을 했다. 나에게 공무원은 절대로 부러운 직업이 아니라고 생각하기 때문이다. 다른 사람들은 공무원이라 하면 꿈의 직장이라고 모두가 부러워서 죽는다. 평생직장에 퇴직 후에도 연금이 죽을 때까지 나온다. 사망 후에는 배우자에게 50%의 연금이 나오는 꿈의 직장이다. 게다가 배우자까지 공무원이라 친구들 사이에서 세상 부러울 게 없는 친구다. 공무원은 아직도 꿈의 직장으로 누구에게나 부러움의 대상이다. 공무원이 된 친구는 30년 넘게 근무 중이고 이제 곧 정년을 바라보고 있다.

그 친구는 결혼을 늦게 해서 둘째가 아직 초등학교 5학년이다. 아직 큰아이가 대학을 가지 않아서 큰 금액의 돈이 정년 때까지 계속 필요하다. 그러다 보니 자신의 건강이 좋지 않아도 쉬지 못하고 직장을 다녀야만 한다. 어차피 노동력을 제공하고 돈과 맞바꾸는 일을 하는 것이다. 게다가 요즘은 60세 나이도 한창인지라, 대부분 퇴직 후에도 적당한 일자리를 찾아야 한다. 돈 때문만이 아니라 일할 곳이 있어야 퇴직 후에도 무기력해지지 않기 때문이다.

또 다른 친구는 남편이 열 살 이상 많이 나이 차가 있다 보니, 남편이 먼저 퇴직하고 친구는 아직도 직장을 다니고 있다. 부족한 것도 없어 보이는데, 직장을 다니고 있는 친구가 가끔은 안쓰럽다. 주위에 오랫동안 안정된 직장을 다니다가 퇴직을 하고서 쉬어야 할 나이에도 일을 찾는 사람이 많다. 대부분 퇴직 후에는 안정적인 생활을 하지 못하기 때문이다. 부자의 대열에 있어도 일을 하는 사람들이 있겠지만 진짜 부자들은 자유롭게 즐기는 삶을 산다.

『허공의 놀라운 비밀』이라는 책을 쓴 남경흥 저자는 고3 때 독서실 다락방에서 얻은 폐결핵과 자포자기의 심정이 겹쳐 공부를 등한시했고, 그 결과 대학에 세 번이나 낙방했다. 그는 1년 후 다행히 5급 공무원 시험에 합격하고 근무 중에도 국가직 4급 공채에 합격하고, 고등고시에 매진하였다. 고등학교만 졸업하고 공직생활을 하면서도 고시에 도전하고 있을 때 우연히 L 공사에서 사원모집공고에 공직 출신을 우대한다는 기사를 보고 응시하여 합격했다. 몇 년간 생명의 은인 같은 직장이 평생직장이라 생각하고 지방 근무도 마다하지 않고 뛰었다.

어느 정도 생활도 안정되고 직장에서도 인정받는 존재가 되었지만, 개미 쳇바퀴 도는 생활과 쥐꼬리만 한 봉급은 자신을 다시 비참하게 만들었다. 아무리 성실함으로 온몸과 마음을 바쳐 일했으나, 통장 잔고는 항상 마이너스일 뿐이었다. 절망감이 밀려왔다. 혜성의 꼬리 부분에 매달려 혜성에서 떨어지지 않겠다고 발버둥 치는 자신의 모습이 보였다. 그러면서 책에서 이렇게 회고한다. '진정 이 세상은 타고 날 때부터 부자는 부자로, 가난한 자는 가난하게 살아야 한단 말인가? 그것이 알고 싶다'

그는 다른 사람들이 그토록 부러워하는 직장 5급, 4급 공무원이었다. 게다가 다 알만한 L 공사라는 좋은 직장에 근무하면서도 채워지지 않는 통장 잔고 항상 마이너스였다는 이야기는 나를 놀라게 했다. 한 달 월급을 꽤 많이 받은 부러운 직업인데도 마이너스라고 한다. 매달 월급이 차곡차곡 들어오면 잘사는 줄로 알았는데, 역시 직장인의 월급은 사는 데지장 없을 만큼의 소득일 뿐, 부자가 되기는 정말 어려운 일이었던 것 같다.

2020년에 기업 규모별 대기업 근로자의 평균 소득이 529만 원으로 가장 높고, 비영리 기업 325만 원, 중소기업 259만 원이라고 한국경제 신문에 실려 있다. 연령대별로는 40대가 393만 원, 50대는 317만 원, 20대는 229만 원, 60세 이상은 217만 원으로 가장 적었다고 한다. 대체 월급으로 얼마를 벌어야 부자가 될 수 있는 것일까? 우리나라 임금근로자의 4명 중 1명의 월급은 150만 원에도 미치지 못한다고 한다. 월 150만 원도 벌지 못하는 사람들의 생활은 도무지 상상되지 않았다.

나도 한때는 직장을 다녔었고, 막막하고 불안한 생활 속에서도 보험회사 영업사원으로 일하면서 월급보다 조금 나은 소득을 벌기도 했다. 하지만 매번 마이너스를 면치 못했다. 반지하 셋방살이를 했던 내게 번듯한 집 한 채는 꿈일 뿐이었다.

내 집 마련의 꿈이 있다 하더라도 그 꿈을 이루려면 은행 빚을 지지 않고는 살 수도 없다. 웬만큼 돈을 벌어도 은행 빚을 갚아야 하는 실정이기 때문에, 나는 하루도 제대로 쉴 수가 없었다. 한 번쯤 게으름을 피우고 싶었지만, 우리 형편에 둘 중 누구 하나라도 수입이 끊기는 날에는 얼마나 더 가난한 삶으로 전락할지 상상만 해도 끔찍했기 때문이다.

직장에 다니는 이유는 많겠지만, 그중 한 가지는 안정적인 삶에 비중을 두고 있는 것이라는 생각을 한다. 나도 한때는 좋은 직장을 다니고 싶었을 때 마음을 되짚어보면 매월 꾸준히 돈이 들어온다는 것이 가장 좋았다. 직장인 월급을 모아서는 집 한 채도 갖기 어렵다는 생각이 들기 전에는 말이다. 그래서 시간적인 자유가 있고, 소득도 매달 일한 만큼의 대가를 받을 수 있는 직장을 찾기 시작했다. 그러나 그것도 잠시 육아와 집안일까지 병행하며 일을 하기에는 그 어떤 직업도 몸이 먼저 힘들어 지친다는 것을 아는 순간부터는 삶이 다시 불안해지기만 했다.

직장에서 직원으로만 살면 부자가 될 가능성은 거의 없다. 그렇기 때문에 급여를 받아서 20% 이상 저축하고 그 돈을 또 다른 곳에 투자해서 부자가 되는 방법을 생각해내야 한다. 그렇지 않으면 복권에 당첨되는 방법밖에 없다. 그러나 생계를 위한 삶을 살 수밖에 없기 때문에 아예 다른 생각은 못하는 사람들이 대다수일 것이다.

나도 그런 생각에 묻혀서 살았다면 아마도 지금의 나는 없었을 것이다. 사는 대로 생각하며 살고 있었을 테니까 말이다. 나는 보험회사 입사 동기를 통해 우연히 들었던 네트워크 사업 설명을 통해 지금 내 인생은 완전히 바뀌었다. 물론 처음 만난 회사가 지금 몸담은 회사는 아니다.

처음 강의를 들었을 때는 스물아홉 살이었다. 이미 두 아이의 엄마가 되어 있었고, 보험회사를 진즉 그만두고픈 마음이 들었을 때였다. 강의를 들으면서 "유레카!"를 외치게 했다. 내 삶이 완전히 바뀔 희망의 메시지라는 막연한 예감 때문에 잠을 설쳤던 기억이 아직도 생생하다. 물론 사업이 쉽지는 않았다. 생각보다 어려운 일도 많았다. 처음엔 내 생각과 다른 것들에 대해 의심하지 않고 익숙하지 않은 일을 무조건 해야 했다. 그러다 사람들과의 부딪힘 속에서 나는 어느새 사업을 제대로 알게 되었다. 우리가 하는 사업은 큰 자본을 들이지 않는 대신에 시간을 충분히 투자했을 때 훨씬 승률이 높다.

나는 누군가 지금 다시 태어나도 네트워크 사업을 할 것인가 물으면 '물론이죠'라고 대답할 것이다. 나는 이 사업을 만나지 않았더라면 어떤 모습으로 살고 있을까? 돈 쓰기를 좋아하고 돈을 잘 관리하지 못하는 나는 아직 빚에 허덕이는 삶을 살고 있을지도 모른다.

많은 분께 당부하고 싶다.

부자가 되고 싶은 마음을 감추고 억누르지 마라. 그리고 지금 하는 일로 받는 대가인 월급만으로는 부자가 될 수 없다고 생각한다면, 지금 당장 부자가 되는 길을 찾아 나서라. 그리고 끊임없이 질문하라.

지금 당신은 진심으로 부자가 되고 싶은가?

05

돈의 속성을
모르면 평생 가난하게
살게 된다

누구나 세상을 살아가기 위해서는 돈이 꼭 필요하다. 우리 가정을 행복하게 해주는 필수 요소이다. 나는 돈 쓰기를 정말 좋아한다. 누구나 돈쓰기를 싫어하는 사람은 없을 것 같다. 하지만 돈을 지나치게 많이 써서 가정경제가 무너지면 가정도 사랑하는 사람들도 지킬 수가 없다. 내가 힘들고 어려울 때는 돈에 대한 부정적인 말들을 늘어놓을 때가 많았다. 돈 때문에 힘들다. '돈이 웬수다.' 이런 말들은 나도 어디선가 들어왔던 이야기이다. 어느새 내게도 익숙해진 단어들은 생각해보면 가난한 어른들한테 듣던 얘기이다. 나도 힘들었을 시기에는 돈 때문에 힘들다는 말을 많이 했다. 아무리 노력해도 내게는 돈이 모이지 않았던 시기이기도 하다. 자꾸만 '돈 때문에 힘들어'라는 말을 하다 보니, 아마도 돈은 내 말 때문에라도 내 옆에 있는 것이 부담스러워 떠나버렸을지도 모른다.

많은 사람들 중에는 다른 사람의 물건이나 돈을 우습게 보고 마치 자신의 것처럼 사용하고도 아무렇지 않게 생각하는 사람들도 있다. 살면서 어려울 때는 돈을 빌려 쓰기도 하고 빌려주기도 한다. 나도 한창 어려웠을 때는 돈을 빌려 쓰고 갚지 못할 때도 있었다. 아무리 노력해도 갚을 수 없는 상황이 지속되고 형편이 어려워져서 갚지 못했다. 내 상황이 조금 나아졌을 때는 연락이 끊어져버려서 돈을 갚지 못했다. 반대로 빌려주고 받지 못했거나, 물건을 주고 돈을 받지 못한 일도 많았다. 모두가 돈을 잘 관리하지 못했던 나의 불찰이 컸다. 그로 인해 사람들과 관계도 소원해지기도 했다.

돈을 잘 관리하는 법을 몰라서 더 큰 곤란을 겪을 때도 있었다. 1997년 IMF 이후 끝내 나는 신용불량자가 되었다. 생각해보면 돈에 대한 무지함에서 오는 결과였다. 돈을 쉽게 벌 수 있다고 착각을 했고 무작정 아무 계획도 없으면서 가난하지 않을 거라는 다짐만 하고 있었을 때였다. 한창 겁이 없고 젊은 나이. 의욕만 가지고 다 될 줄 알았던 나이에 처음 네트워크 사업을 만나고 가장 어려운 시기를 거치고 있었다. 칼자루를 휘두를 방법도 모르면서 패기만 가지고 그저 칼만 휘두르고 있었던 것이다. 나는 가장 밑바닥까지 곤두박질치고야 말았다. 나는 더 가난에 찌들어가고 있었던 것을 한참 뒤에야 깨달았다.

그런 일을 치르고 나서야 나는 돈에 관한 생각도 태도도 조금씩 달라졌다. 내 지갑 속에 들어온 돈을 일일이 돈의 무늬를 한 방향으로 맞추고 앞과 뒤도 구분하고 지갑에 구김 없이 넣기 시작했다. 돈을 "웬수"라고 부르지도 않았다. 돈을 미워하지 않았고 많이 갖게 해달라고 기도하기 시작했다. 돈을 좋아하면서 돈을 좋아하지 않은 것처럼 말하지도 않았다.

가난한 사람들이 하는 말이 있다. '나는 돈은 많이 필요 없어 먹고 쓸 만큼만 있으면 돼.' 도대체 먹고 쓸 만큼의 양이 얼마나 된다는 것일까? 사람들은 늘 그렇게 두리뭉실하게 이야기한다. 먹고 쓸 만큼에는 무얼 먹을 것인지 얼마의 돈을 지불할 수 있을지도 포함되어 있는데 말이다.

내가 가장 사랑하는 아들 K 군은 언제나 돈이 필요하다고 말한다. 나는 무엇을 어디에 사용할 것인지를 늘 묻지만 늘 대답은 엉뚱하게도 "에이~ 얼마 안 돼!" 얼마 안 되는 걸 가지고 그런다는 식의 말투로 대답한다. 나는 그 말투에 크게 실망하고 돈에 대한 개념을 다시 일깨워야 했다. 얼마 안 된다고 말할수록 벌기 위해 수고하고 일하는 모든 행위가 쉬워 보일 것만 같았다. 돈을 우습게 여기는 말버릇과 태도가 자신을 얼마나 가난하게 만들어버릴지를 알기 때문에 나는 더 서둘러 태도를 지적할 수밖에 없다. 그리고 그런 이유로 K 군이 돈을 대하는 태도가 달라지기를, 그가 돈을 사랑하며 존중하기를 간절히 바라며 기도하게 된다.

5년 전 호주 여행길 비행기 안에서 왕복하며 여러 번 읽었던 고이케 히로시 저서 『2억 빚을 진 내게 우주님이 가르쳐준 운이 풀리는 말버릇』이란 책은 나에게 엄청난 변화를 안겨주었다. 이 책을 읽은 후부터 내 삶에서 가장 필요한 돈을 대하는 태도가 달라지기 시작했다. 나는 엄청난 축복을 받은 사람임을 날마다 고백했다. 나는 돈을 너무 좋아하게 되었다. 그리고 매일 허공에 외치기 시작했다. "나는 점점 더 부자가 된다. 내가 원하는 만큼의 돈은 내게로 와서 머무른다."

그리고 나는 나의 성공을 의심하지 않았다. 지금도 점점 성장해서 돈은 내 곁을 떠나지 않고 보호해주고 있다. 나는 크고 작은 일에 지갑을 자주 열어 내 돈을 흘려보낸다. 그리고 많은 사람을 기쁘게 해주기를 바란다. 돈을 쓸 때 기분이 정말 좋다. 돈이 내게 들어올 때는 기분좋게 들어올 수 있도록 문을 활짝 열어뒀다.

이토록 행복한 마음을 주셔서 정말 감사하다. 가장 행복한 순간이다.

김승호 회장의 『돈의 속성』에서는 돈은 인격체라고 말했다. "돈은 법인보다 더 정교하고 구체적인 인격체다."라고 표현했다. 인격체라면 사람과 같은 감정을 가지고 사람들이 하는 생각을 읽을 수 있다는 말과 같다. 그렇다면 돈은 어떤 사람들과 함께 있기를 원할까? 돈을 좋아하는 사람, 돈을 사랑해주는 사람, 돈을 행복하게 사용하는 사람, 돈으로 남을 기쁘게 해주는 사람과 함께 있기를 원하지 않을까?

또한 김승호 회장은 "돈은 자기를 소중히 여기는 사람에게 붙어 있기를 좋아하고, 함부로 대하는 사람에게 패가망신의 보복을 퍼붓기도 한다. 적은 돈을 함부로 하는 사람에게선 큰돈이 몰려서 떠나고 자신에게 합당한 대우를 하는 사람 곁에서는 자식을 낳기도 한다. 돈을 함부로 대하는 사람에게 다가가지 않는다. 돈을 너무 사랑해서 집 안에만 가둬놓으면 기회만 있으면 나가려고 할 것이다. 다른 돈에게 주인이 구두쇠니 오지 마라 할 것이다. 자신을 존중해주지 않는 사람을 부자가 되게 하는 데 협조도 하지 않는다. 가치 있는 곳과 좋은 일에 쓰인 돈은 그 대우에 감동해 다시 다른 돈을 데리고 주인을 찾을 것이다. 돈이 인격체라는 것을 알아차리고 받아들이는 순간부터, 당신의 평생의 부자의 인생길이 열리는 것이다."라고 이야기한다. 돈에 대해 이렇게 잘 표현해놓은 글은 더 이상 없을 것 같다.

김승호 회장의 『돈의 속성』, 『생각의 비밀』 이 두 권의 저서를 읽고 더 많은 생각을 했다. 돈을 벌려고 수고하고 노력하지 않고 돈이 내게로 오도록 불러들일 마음부터 가져야 한다. 내가 원하는 삶과 내가 꿈꾸는 부자의 삶은 어떤 삶인지 확고하게 정립해나갔다. 돈을 쓰고 싶은데 참기만 해서도 안된다는 마음을 먹게 되었다. 스스로 "나중에 사야지."라는 단어를 금기어로 정하기도 했다. 요즘은 지갑에 신용카드만 가지고 다니지만 나는 어느 부자 언니의 조언을 따라 지갑에 5만원권을 가득 채우고 다니기 시작했다. 지갑에 5만원권 지폐를 채워두면 어느새 돈을 춤을 추며 내 곁에서 날아가고 다른 돈이 와서 내 지갑을 채워준다.

나는 과일을 살 때도 예전처럼 양을 먼저 보고 고르지 않는다. 가격을 묻지 않고, 가장 탐스럽고 먹음직스러운 과일을 골라 먹는다. 과일을 고르는 일뿐만 아니라 홈쇼핑에서 물건을 고를 때도, 내가 그토록 좋아하는 옷을 살 때도 가격을 먼저 보지 않는다. 특히 누군가에게 선물하고 싶으면 참지 않는다. 가만히 보면 나는 돈을 쓸 때 가장 크게 웃는 것 같다. 과거에 어렵고 힘들었던 때는 까마득히 잊어가고 있다. 과거의 힘든 힘든 시기가 지나고 지금은 내게로 돈이 모이게도 한다. 그렇게 모인 돈들이 좋은 성품으로 모여서 자녀를 낳고 있다.

한때는 내 인격이 형성되는 시기에 돈에 대한 개념도 같이 배우고, 돈을 인격체로 대하는 가르침을 함께 받았더라면 얼마나 좋았을까? 하는 생각이 들기도 했다. 그렇지만 지금이라도 돈에 대한 생각과 철학을 일깨워주는 책이 있고, 내 곁에 있는 부자들의 조언을 넘치도록 들을 수도 있어서 정말 행복하다. 돈에 대해 배운 내용들을 아이들과 함께 실천하면서 돈을 대하는 좋은 습관을 가지려는 노력은 꼭 필요하다.

돈을 사랑하는 사람이라고 생각해보았다. 연애를 하고 있다고 생각하면 훨씬 쉬울 것 같다. 너무 가까이 가서 오로지 나만 바라보라고 구속하고 스토커처럼 하루에도 몇 번씩 귀찮게 구는 애인이라면 어떨까? 반대로 너무 멀리서 바라만 보고 있거나, 멀어져도 아무런 반응이 없는 애매모호한 태도를 하면 어떨까? 전자는 너무 구속해서 떠나고 싶을 것이고, 후자는 자신에게 무관심하다고 자기를 싫어하는 줄 착각하고 떠나버릴 것이다. 돈은 누구나 좋아한다. 서두에 말했듯이 삶의 필수 불가결한 존재이기 때문이다. 너는 내게 너무나 소중하다고 표현하고, 필요할 땐 언제든지 자신의 곁에서 수호천사가 되어달라고 말하라.

때론 호들갑스럽다는 생각이 들 만큼 애정 표현도 해야 한다. 나를 위해 무엇을 해줄 때마다 고맙다는 표현도 잊지 말아야 한다. 그렇게 인정해주는 사람이라면 너무 감동하고 떠나지 않을 것이다. 그리고 언제든 내가 서운하게 대할 때 서운하다고 말해달라고도 해야 한다. 자신도 모르게 조용히 떠나지 않도록 늘 관심을 가지고 안부도 물어야 한다. 돈을 연인으로 비교하면서 나는 내 곁에 돈이 머물러 있지 않았을 때를 그리고 내 곁에 돈이 머물렀을 때를 생각해본다. 이제 나는 돈을 대하는 태도가 더 달라질 것 같다.

나처럼 돈을 쓰기를 좋아하는 사람에게는 나갔다가 다시 오기를 기꺼이 하고 싶은 매력이 철철 넘치게 해야 한다. 언제 어디서든 내 생각이 나고 누구를 만나도 내가 더 그리워지도록 그리고 반드시 내게 오도록 하는 성품을 지니고 있어야만 한다. 과거에 내 곁을 서운하게 떠나보낸 돈들에게도 마음 깊은 사과를 해야 한다. 이제부터라도 돈의 속성을 잘 알고 돈에게 내가 원하는 것을 말하고 돈을 대하는 올바른 태도를 갖게 된다면 좋은 돈은 내 곁에서 더 많은 일을 해주려는 소중한 동반자가 될 것이다.

06

생각이 가난한 사람과
어울리면
부자가 될 수 없다

생각이 가난한 사람은 어떤 사람일까? 반대로 생각이 부자인 사람은 어떤 사람일까? 생각이 가난한 사람에 대해 잠시 생각해본다. '생각하는 대로 살지 않으면 사는 대로 생각하게 된다. 생각이 모든 것을 지배한다.' 라는 명언이 있다. 내 경우를 봐도 내 생각의 한계를 벗어나지 못하고 결정하고 진행한 일들이 또 다른 문제를 만들어왔다는 생각이 들었다.

어릴 때 나는 많은 형제 중에서 가장 오랫동안 엄마랑 함께 살았다. 그러다 보니 나는 늘 '엄마처럼 살지 말아야지!' 하고 생각했다. 매일 같이 들리는 것은 엄마의 긴 한숨 소리와, "왜 이렇게 됐을까?"라는 원망과 문제만 던지며 품어내는 이야기들을 듣고 있으면 나도 힘들었다. 좋아서 행복해서 웃었던 기억은 거의 없다. 나는 매일 생각했다. '빨리 여기서 벗어나야지! 중학교 졸업만 하면 빨리 나가야지!' 그 환경에서 벗어날 생각만 했다. 마음은 자꾸 작아지고 자신감도 잃어 가는 내가 무엇을 할 수 있을까? 하는 생각을 했었다.

그러다 보니 복잡하고 힘든 상황이면 빨리 빠져나가고 싶은 버릇이 생겼다. 그래서 나는 성격이 점점 급해져만 가고 쫓기듯 결정한 일들은 좋지 않은 결과를 가져왔다. 조금 더 신중하게 결정 내려야 할 때도 나는 언제나 더 고민하기 싫어서 서둘러 결정을 내릴 때가 허다했다.

그러다 결국은 후회하는 일들만 생기고, 결과는 늘 아쉽고 씁쓸한 결과를 낳았다. 어느 때부터 보고 들었던 좋지 않은 일들은 마음에서는 늘 거부했다. 나는 스스로 긍정적인 사람이라고 생각하며 살았다. 나는 내가 좋은 사람이라고 착각하며 살았다. 사람을 좋아하고 무엇이든 주기를 좋아하는 성품을 가지고 있던 나는 거절을 잘 못 하는 일명 호구 기질도 같이 있었던 것일까?

나는 사람을 쉽게 잘 믿고 내 마음 같을 거라는 우매한 생각을 하면서 사람들을 대했다. 그러다 결국 가장 힘든 시기에 오천만 원이나 되는 남의 돈을 빌려서 다른 사람에게 빌려주는 어리석은 짓을 하고 말았다. 그일로 나는 견딜 수 없을 만큼의 고통이 시작되었다. 매번 나 자신을 먼저 걱정해야 함에도 다른 사람 걱정을 하면서 안달하던 내 모습이 어느 날부터 너무 한심해 보였다. 내가 경제적으로 가장 힘들고 어려울 때 현명하지 못한 시간을 보냈다는 것을 알게 되었다. 내가 가장 어려웠을 때를 생각해보니 함께 어울렸던 사람들은 오히려 나보다 더 어렵고 힘든 사람들이 많았던 것 같다.

어떻게든 빨리 돈을 벌어서 아이들과 함께 살아야 한다는 생각을 했지만 그날은 오히려 점점 더 멀어져가고만 있는 느낌이 들었다. 좌절감과 심한 죄책감으로 너무 힘들어서 죽고 싶다는 생각을 수없이 하고 있었다. 죽지 못해 살고 있던 나는 무엇을 해보고자 하는 용기마저 상실한 시기였다. 그때 우연한 계기로 나는 F 화장품 방문판매 회사를 만나게 되어 서울에서 광주로 이사를 하게 되었다. 어려운 결정을 하고 이사까지 한 뒤 나는 F 화장품회사에서 단, 11개월 만에 지사장으로 승진하게 되었다. 그러나 그것도 결국 오래 가지 못하고 만 4년 만에 그만두게 되었다. 아이들하고 함께 살 수 있기를 손꼽아 기다리며 쉬지 않고 일을 했지만 나는 한계에 부딪히고 말았다. 아직 플러스 인생을 살지 못할 때 나는 남는 것 없이 투자하고 사람을 모으다 보니 일을 아무리 열심히 해도 돈을 모을 수가 없었다.

그러다 빚까지 더 많아져 나는 점점 구렁텅이로 빠져 들어가고 있었다. 나는 F 화장품회사에서 만 4년을 채우고 80평 사무실을 정리하면서 나는 완전히 무기력에 빠지고 말았다. 다시는 재기할 수 없다는 생각이 들어서 어리석은 자신을 원망하기 시작했다. 하루도 쉬지 않고 일했지만 4년 동안 아무리 노력해도 원룸 신세를 면치 못했다. 나는 IMF 이후로 신용불량자가 되어 있었다. 나는 발버둥 치며 돈을 벌었지만, 내 신용은 절대로 회복시킬 수 없었다. 상황이 그렇다 보니 아이들과 함께 사는 꿈을 이룰 수 없어서 더욱 죄책감에 사로잡혀 고통스러웠다. 그 후로 나는 집 밖을 나가기 두려워했다. 내 몸에서는 마치 시체 썩는 냄새가 나는 것 같았다. 가장 밑바닥까지 곤두박질쳐져버린 그때 친구의 권유로 교회에 나가기 시작했다. 영혼 없이 나를 내던지듯 한발 한발 담그기 시작하면서 살고 있었다.

그렇게 하루하루 견디며 살던 나는 네트워크 사업으로 한때는 정점을 달리던 선배 생각이 났다. 우연히 화장품 사업을 한다는 소리를 듣고 화장품이 필요해서 내가 먼저 만나자고 했다. 세상 가장 꼬질꼬질한 모습으로 나가도 그 선배만큼은 나를 이해해줄 것만 같았고 유일하게 내가 처한 현실 바닥을 치고 있던 내 형편을 들켜도 흉이 되지 않을 것 같았다. 그날은 아무것도 가진 것 없었던 나를 지금의 자리까지 오게 만든, 지금 몸담고 있는 카리스(주)에서 12년째 일을 지속하게 된 시작점이다. 나는 그때까지 단 한 번도 벌어보지 못한 큰돈을 벌었다. 지금 다니고 있는 회사는 내가 꾸준히 고소득을 올리며 행복한 삶을 살게 해준 최고의 회사이다. 그날의 만남 후 집에 돌아올 때 무심코 손에 들었던 화장품 한 세트가 내 운명을 바꿔놓았다.

처음부터 사업을 위해 선택한 일이 아니어서 가볍게 선배 언니를 만나기 시작했는데 작은 오피스텔에서 일하도록 배려해줬다. 나는 그 오피스텔을 사람들을 만나는 공간으로 활용했다. 아직 네트워크 사업에 미련을 버리지 못하고 있었던 터라 내게는 인생의 전환점이 되었다. 나보다 더 열정과 의지가 강해 보이는 선배를 롤모델 삼아 따라 하기 시작했다. 어디를 가든지 따라갔고 무슨 생각을 하는지 무슨 말을 하는지 그때 나는 유심히 보고 배웠다.

그날도 선배와 이런저런 이야기를 나누며 내 주위 사람들 이름을 나열하며 이 사람은 이래서 도와줘야 하고 이 사람은 이래서 돈을 많이 벌어야 한다. 이 사람은 애가 셋이나 돼서 힘드니까 도와줘야 한다는 말들을 쉴 새 없이 늘어놓고 있었다. 선배는 나를 한심하게 바라보며 폭탄 같은 한마디를 던졌다. "너는 힘들지 않냐? 네가 제일 잘돼야 하는데 누굴 걱정하냐? 지금 내가 보기에 네가 제일 힘들어 보여!!" 왜 내가 지금까지 큰 부자가 될 수 없었는지 큰 깨달음을 얻게 되는 날이었다.

모든 문제는 나에게 있었다. 나는 나보다 타인을 걱정하며 사는 것에 익숙했다. 자신에게 좋은 사람이 아니라 타인에게 좋은 사람이 되려고 했던 것이다. 나는 그때 아무도 가르쳐주지 않은 내가 진짜 가난한 이유를 찾게 되었다. 내가 가난할 수밖에 없었던 이유는 내 의식이 가난한 생각으로 갇혀 있었기 때문이었다. 그런 이유로 내 주위에는 늘 가난한 생각을 하고 사는 사람들이 내 옆에 있을 수밖에 없었다는 것을 알게 되었다.

더 나아지는 삶을 살 수 없었고, 가난한 생각을 하며 가난한 사람들이 하는 행동을 반복하면서 살았다. 그래서 내 주위에 있던 사람들은 결국 부자가 된 사람이 아무도 없었던 것이다. 누군가의 탓을 하고, 성공하지 못하는 이유를 즐비하게 늘어놓으며 변명하기에 바빴다. 내 주변의 문제가 아닌 바로 나의 가난한 생각이 문제였다.

그때 내가 그것을 깨닫지 못했더라면 지금 나는 있을 수 없었을 것이 분명하다. 계속 그렇게밖에 살 수 없었던 나에게 뼈를 때리는 사이다 같은 말을 날려준 선배 언니는 평생 잊지 못할 고마운 한 사람이다. 이렇게 한 사람이 누군가의 삶을 송두리째 바꿔놓는 계기가 되는 소중한 경험을 하게 된 나는 그 이후로 순식간에 변했다.

부자가 되고 싶은 꿈을 이루기 위해서, 더 열심히 살았다. 그리고 성공한 사람들이 하는 말과 행동을 따라 하기로 결심하고 배웠다. 무엇보다 가난한 생각들과 부정적인 이야기에는 반응하지 않으려는 노력을 끊임없이 하기 시작했다. 나도 누군가의 삶에 크고 작은 영향을 끼칠 수 있다고 생각했다. 나는 부자가 되기 위해서는 의식부터 바꿔야 한다고 생각했다.

만약 사는 대로 생각하는 것이 아닌 생각하는 대로 살기를 원한다면 지금 당장 주위에 부자들의 생각을 궁금해하고, 부자가 되는 방법을 계속 질문하라. 배우기를 계속하라.

07

지금 하는 일로는
부자가 될 수 있는가?
질문하라

최근 3년간은 전 세계에 예기치 않은 코로나 사태로 너 나 할 것 없이 일상이 자유롭지 못한 비상사태였다. 그 과정에서 정신적으로 고통 받는 분들이 많아진 탓에 정신과 치료를 받고 있다는 사실을 여러 사람 입을 통해서 알게 되었다.

나도 자칭 멘탈이 강한 사람이라고 생각했지만, 마지막에 내 멘탈도 소위 쉽게 털려나가고 있다는 생각이 들 정도로 힘겨운 시간도 많았다. 그렇지만 이렇게 잘 견딜 수 있었던 이유 중 하나는 지금 하는 일을 통해 경제적으로 위협받지 않는 안정적인 삶을 살고 있기 때문이다. 이것이 지금 매 순간 감사하며 살아가는 이유이다.

나는 어릴 때부터 어려운 가정 형편을 뻔히 알면서도, 원하는 것을 얻기 위해서는 떼를 써서라도 꼭 사야 하는 고집쟁이였다. 엄마 속을 썩이는 철부지였다. 하루는 큰맘 먹고 5일장에서 언니랑 나랑 추석빔 한 벌씩 사 주셨다. 언니 원피스는 핑크색, 나는 빨간색 원피스. 사실 색깔은 언니 옷이, 디자인은 내 것이 더 마음에 들었다. 그런데 그나마 마음에 들어하는 원피스를 내년에도 입을 수 있게 더 큼직한 옷으로 바꾸라는 것이다. 내 맘에 쏙 드는 원피스도 아니었지만 이왕 사는 거 디자인이라도 마음에 들어야 한다는 생각에 절대 뜻을 굽히지 않았다. '왜 두 개를 다 사면 안 되는 걸까?' '왜 내년에 입어야 할 것까지 고려해서 마음에 들지 않는 옷을 사야 하는 걸까?'

오랜 시간 실랑이 끝에 결국 몸에 딱 맞는 원피스로 골라 입었다. 그리고 이 일은 그 이듬해 추석까지도 내 고집스러움의 에피소드와 함께 엄마와 동네 분들의 술안주가 되었다.

중학교 다니는 내내 무엇 하나 맘대로 살 수 없었던 생활이 너무 창피했고 욕구 불만 때문인지 엄마에게 상처가 되는 말들을 많이 했다. 불평을 참지 못하고 생각한 말들을 나오는 대로 다 했던 것 같다. 한번은 내 자취방에 오셨던 엄마와 대화 중 홧김에 "나를 뭐 하러 낳았냐? 그것도 이렇게 가난하게 왜 나를 낳았냐?"고 물었다. 우리 엄마는 그렇게 또, 한 번 상처를 받으시고 서럽게 우셨다. 지금도 생각하면 가슴이 아프다. 나는 왜 이리 못됐을까? 엄마에게 상처가 될 말들을 서슴없이 했던 이유는 도대체 무엇이었을까?

고등학교를 졸업하기 전에 신문 배달을 그만두고 취업을 하기 위해 기다리던 중에 잠시 동사무소에서 사환으로 일을 한 적 있었다. 동사무소에서 근무하시는 분들을 공무원이라고 했다. 소위 가장 부러워하고 안정된 직업이라며 공무원이 되는 쉬운 길도 내게 알려주었다. 하지만, 그분들이 그리 즐거워 보이지 않았고, 저분들처럼은 살지 말아야지 하는 생각을 할 정도였다. 그 후로 공무원은 내가 갈망하는 직업군에서 아예 사라졌다.

그 후 나는 학창 시절을 보냈던 곳에서 벗어나고 싶었다. 수원에 있던 언니의 권유로 ○○○병원 원무과에 취업하려고 면접을 봤다. 사실 한번에 취업을 기대했던 나에게 고스란히 실망으로 돌아온 탈락 소식도 황당했지만, 탈락한 이유가 더 이해할 수 없었다. 지방 사람들은 채용하지 않는다는 것이다.

그럴 거면서 이력서는 왜 받았냐고 따지고 싶었다. 너무 화가 났지만 언니 원망을 하게 될까 봐 참아야 했다. 착하디착하다 못해 바보스러울 만큼 성실한 언니를 원망하면 안 될 것 같았다. 어떤 일을 해야 할까 고민하던 차에 일단 서울에 있는 오빠 집으로 언니와 들어가게 되었다. 잠깐 지내다 나올 생각이었지만 5년이나 오빠 집에서 신세를 지게 되었다. 그런 이유로 결국 우리는 따로 독립하지 못하고 어린 조카들이 둘이나 있는 곳에서 얹혀사는 파렴치한 동생들이 되어버렸다.

그 와중에도 늘 대학을 가고 싶은 열망을 억누르던 나는 일반대학은 엄두도 못 내고 누군가 추천해준 방송통신대에 원서를 쓰고 입학했다. 스물한 살의 나이였다.

강의가 있는 날에는 구로동에서 혜화동까지 지하철로 1시간 40분은 족히 걸리는 거리를 퇴근하고 부랴부랴 갔다가 저녁 8시부터 강의를 듣고 나면 거의 12시가 다 되어서야 집에 들어가는 일이 다반사였다. 얹혀살면서 결코 좋은 소리를 들을 리 없었다. 나는 참 열심히 다녔다. 꼭 졸업하겠다는 일념으로 말이다. 그러다 어느 날 문득 '대학을 졸업해서 무엇을 하려고 하지?'라는 의문이 생겼다. 다른 직업, 더 나은 직장을 찾는다고 하더라도 생계형 직장일 뿐이라는 생각이 들었다.

오랜 고민 끝에 나는 방송통신대학을 근 3년을 다니고 포기했다. 결혼을 핑계 삼아 그만뒀다고 말했지만, 나는 그만두고 싶은 이유를 찾고 싶었는지도 모른다. 방송통신대를 졸업해도 비전이 없을 것 같다고 남들에게는 말하고 싶지 않았다. 결국 시작은 하고 끝마무리를 못 하는 사람처럼 비쳐질 뿐 그만두는 이유를 말해도 딱히 이해해줄 사람들이 아무도 없었다.

어느 날부터 시간이 갈수록 이렇다 할 스펙도 하나 없는 내가 뭐하나 제대로 해보지 못하고 살아갈 것만 같은 불안함이 나를 더욱 짓눌렀다. 내가 너무나 한심해 보였다. 늘 그렇게 불안하고 미래가 예측되지 않는 삶을 살았던 20대는 결혼과 동시에 또 한 번의 위기가 왔다.

그때 환경에서 빨리 벗어나고 싶어 결혼을 서둘렀고, 혼자보다는 둘이 힘을 합치면 서로의 미래가 조금은 덜 불안할 것 같은 생각이 들었다. 그러나 결혼 두 달 만에 결혼 우울증이 생겨서 더 막막했다. 우리는 대출을 받아서 신혼 살림을 차렸다. 그런데 이러다 덜컥 아이라도 생기면 어쩌나 걱정을 하다 보니 '우리 둘이 끼니라도 때우며 살 수 있을까?' 하는 의문마저 들었다.

고민 끝에 자주 다니는 보험회사 영업하시는 분들에게 관심을 갖게 되었다. 나는 그분들에게 소득은 얼마나 버는지, 어떤 일을 하는지, 출퇴근 시간은 어떻게 되는지, 몇 시간 일하는지 등등 궁금한 것을 물었다.

나는 임신 4개월째 접어들고 있었지만 임신한 사실을 숨긴 채 ○○생명 보험회사에 입사하게 되었다. 그렇게 두 번째 직장을 찾고 희망이 생겼다. 소득도 더 많이 생겼고, 무엇보다 일하고 싶은 시간에 일하고 집으로 들어갈 수 있어서 너무 좋았다. 특별히 퇴근 시간이 정해져 있지 않은 것만으로도 너무 행복했다.

욕심껏 돈을 벌 수 있겠다는 생각에 더 많은 성과를 내고 싶어졌다. 임신한 사실도 잊은 채로 일하다 보니 어느덧 만삭인데도 꾸준히 보험 영업을 했고, 그러던 어느 날, 출근을 하려다 양수가 터지는 바람에 그 길로 병원으로 달려가 10시간의 진통 끝에 큰아이를 낳았다. 아이를 낳은 후 보름 만에 다시 애를 안고 출근을 하고 더 열심히 일했다. 그러다, 둘째까지 ○○생명 보험회사에 근무하면서 낳았다. 회사에서는 내 사례를 열심의 대명사라며 자주 이야기하기도 했다.

그런데 나는 둘째를 낳은 후 보험회사를 그만두고 싶었다. 매달 실적에 쫓기고 매달 실적에 의한 수익을 받다 보니 한 달 한 달 지나면서 미래는 더 불안해졌다. 마치 한 달 살이 직업처럼 여겨졌다. 이달 실적이 없으면 다음 달 수당이 줄어들거나 아예 없는 일이다 보니 단 한 하루도 쉬지 않고 기를 쓰고 한 달 실적을 꼭 채워야만 한다. 매일 질문을 던졌다. '언제까지 이 일을 할 수 있을까? 내가 일하지 않아도 되는 일은 없을까? 몸을 쓰지 않는 일은 없을까?' 스스로 질문하면서 문득 떠오르는 생각은 '사업'이었다. 내가 일을 안 하고 돈을 버는 일은 월급을 주는 사장이 되어야 했다. 그런데 모든 사업은 돈이 있어야만 가능한 것이었고 내게는 그럴 만한 돈이 없었다.

보험회사에 만 4년을 다녔지만, 제대로 모아둔 돈이 있을 턱이 없고, 반지하 셋방을 탈피하기 위해 부동산에 문외한인 나는 경기도에 있는 빌라 한 채를 덜컥 사서 내 집 마련의 즐거움을 누리기도 전에 은행 빚에 허덕이게 되었다. 무식하고 용감하게 저지르는 내 성격 탓에 결국 더 힘들었다. 둘째를 낳고는 쉬엄쉬엄 일하고 싶었는데 그럴 수 없이 빚은 늘어갔다. 당장 갚아야 하는 은행 이자 때문에 아무리 벌어도 제대로 돈을 모으기 힘든 현실이었다. 그런데 내가 무슨 사업을 할 수 있을까?

아무리 생각해도 답이 나오질 않아 포기하고 있던 차에 어느 날, 내가 좋아하는 입사 동기 I 언니가 이유는 이야기하지 않고 오후 반나절 시간을 내서 만나자고 했다. 어디 가냐는 질문에도 답을 하지 않았다. 강남까지 가는 동안 무슨 일인지 물으면 가보면 안다는 소리만 했다. 도착한 곳은 한 사무실. 어떤 강의를 듣게 되었고 나는 새로운 눈을 뜨게 되었다. 딱 두 마디의 말이 들렸다. 하나는 이 일을 상속된다. 또 하나는 돈 없이 돈을 벌 수 있다. 이쯤 되면 모두 다 아시리라…. 그 이름도 유명한 다단계회사 사업설명이었다.

그런데 나는 전혀 나쁜 인식을 갖지 못했고, 이 사업설명을 들으면서 또 한 번의 기회라는 생각에 내 삶에 희망이 보였다. 보험회사를 그만둘 확실한 명분을 찾았고 직업을 과감히 전환하는 계기가 되었다. 그러면서 겪었던 일들은 한 권의 책을 따로 내어도 될 만한 뒷담들이 참 많이 있지만. 간략하게나마 일련의 과정들을 굳이 나열한 것은 지금 내가 하는 일과도 지속적인 연관성이 있기 때문이다.

어릴 때부터 항상 채워지지 않은 욕심 때문에 나는 답답했다. 어느 날 친구 따라 교회를 다니면서 "구하라 그러면 너희에게 주실 것이요 찾으라 그러면 찾을 것이요 문을 두드리라 그러면 열릴 것이니"(마태복음 7:7)라는 말씀을 듣고 원하는 것을 하나님께 기도했다. 기도해도 들어주지 않는다는 생각이 들 때는 하나님을 욕하기도 했다. 그러나 나는 이제 그때는 들어주지 않았다고 생각했지만 어른이 되어서 이루어진 일들도 있다는 것을 알게 되었다. 이런 일들을 일일이 나열하면서 이야기하는 이유는 결국 아무것도 원하지 않으면 어떤 일도 일어나지 않는다는 것을 말하기 위해서다.

　주어진 대로만 살면서 자신이 무엇을 원하는지 묻지 않으면, 아무도 나에게 길을 가르쳐주는 사람은 없다는 말을 꼭 해주고 싶다. 끊임없이 물어야만 길이 열린다. 하던 일이, 익숙한 일이 천직이라고 생각하면서 열심히 살아보지만, 부자가 되기는 쉽지 않았다. 지금 무릎을 탁 치는 순간이라면 주저하지 말자. 바로 문을 두드려보라. 하늘에서 내린 부자가 되려면 하늘의 문을 두드려야만 한다. 자신의 저 밑바닥에 깔린 욕망을 스스로 묵살하는 것은 그 누구도 아닌 자신이라는 생각을 해보기를 바란다.

08

열심히
살지 말고 가치 있게
살아라

열심히 사는 삶은 어떤 삶일까? 어떤 삶이 가치 있는 삶일까? 세상을 열심히 살려는 사람들은 자신이 원하는 삶을 살기 위해 열심히 산다고 말할 수 있을까? 그렇다면 열심히 살면 모두가 부자가 될까? 원하는 삶을 살기 위해서는 분명히 돈과 연관된 삶을 빼놓을 수는 없는 일이다. 열심히 사는 모든 행위는 결국 돈을 벌기 위함이다.

명성을 얻고 있는 자수성가형 부자들은 "지금 열심히 살아라." "하루하루 열심히 살다 보면 원하는 삶을 살 수 있다."라는 말을 꼭 한다. 10

년 뒤에 더 잘살 수 있는 비결은 지금 당장 현재 위치에서 열심히 살아야만 하는 것이다. 그렇다면 우리는 무엇을 위해서 열심히 살아야 하는가? 가수 아이유의 한 인터뷰 기사를 본 적이 있다. "일 말고는 잘하는 게 없어서 이지은은 잘하는 게 없다. 나는 일을 너무 빡빡하게 하고 나를 많이 좀 못 돌봤는데, 이게 과연 건강한 '열심히'였을까?" 정말 단어 하나하나 공감이 되는 말이었다. 나이가 한창인 젊고 이쁜 아이유도 여기서는 '무엇을 위해'라는 말을 하고 싶었던 것은 아닐까?

우리는 누구나 어디에 가치를 두고 사느냐에 따라 관심 분야가 달라진다. 돈을 쓰는 비중도 다르다. 어떤 사람들은 끊임없이 취미로만 남을 취미 활동에 전념한다. 어떤 이들은 화려한 옷차림과 겉치레에 아낌없이 돈을 쓰고 자신의 가치를 다른 것으로 높이려는 사람도 있다. 어떤 이들은 끊임없이 현재보다 나은 자신을 위해 자신의 분야에 실력을 더 쌓으려고 더 많이 배우려고 돈을 지불한다.

조지 버나드쇼 묘비명에 "우물쭈물하다가 내 이럴 줄 알았다."라고 적힌 명언을 많이 들어보았을 것이다. 자신의 일을 열심히 하는 것도 중요하지만 자신을 위해 살아야 한다. 자신에게 가장 가치 있고 의미 있는 일을 찾아내야 한다. 그래야 후회 없는 미래를 맞이하게 될 것이다. 자신이 무엇을 위해 사는지 목표가 없으면 아무리 일을 잘하고 열심히 하는 사람도 쉽게 무너지고 작은 것에 지치고 힘들어한다. 한 달 동안 목표 없이 일하는 사람과 목표를 정해놓고 움직이는 사람의 결과는 확연히 달라진다. 그리고 그 목표 속에는 "돈을 벌어서 무엇을 하겠다"라고 정해놓고 열심히 하는 사람들은 과정을 훨씬 수월하게 진행하며 즐긴다. 생각보다 일이 잘 풀리지 않을 때도 자신이 하고 싶은 것들을 생각하면서 결과를 내는 데 주력한다. 그리고 자신이 하는 일을 통해 이루고 싶은 것들을 하나씩 성취하면서 행복을 느낀다.

자신이 가진 돈을 소비만을 하는데 돈을 쓰는 사람들이 있고, 어떤 이들은 소비를 통해 자신의 미래를 위한 투자를 하는 사람들이 있다. 물론 소비하면서 자신의 가치가 높다고 생각하는 사람들도 있다. 생각의 차이겠지만, 지금 하는 소비는 자신의 만족이며 즐거움이다. 현재의 기쁨과 즐거움을 통해 자신의 가치를 상승시키려는 마음도 있을 것이다. 비단 돈만이 아니라 자신에게 주어진 시간을 생각해보자. 누구에게나 동일하게 시간이 주어진다. 똑같은 시간이 주어졌지만 누군가는 정말 바쁘게 분주하게 사는데도 돈벌이가 되지 않고, 누군가는 짧은 시간만 투자해서 일해도 원하는 소득을 얻는 사람들도 있다. 여러분은 어느 부류에 속하는가? 아니 어디에 속하고 싶은가? 아마도 누구나 조금 일하고 돈을 많이 버는 일을 하고 싶을 것이다. 하지만 가만히 있으면 그런 일이 찾아오지는 않는다. 살고 싶은 삶의 방향을 정하고 길을 찾는 일에 정말 열심히 살아야 한다. 찾는 일에 시간을 투자하고 필요하다면 남의 노하우를 얻는데 돈을 지불하면서라도 열심히 찾아야 한다.

너무 열심히 살지 않아도 괜찮다고 이야기하는 사람들이 있다. 피곤한 우리 삶을 위로하기 위해 현재를 즐겨도 괜찮다고 이야기한다. 그러나 소소하지만 확실한 선택을 하면 할수록 어딘가 공허한 것은 왜일까? 먼 미래를 위해 너무 애쓰는 것보다 지금 당장 작은 행복을 추구하는 삶에 많은 사람이 매력을 느낀다. 그러나 많은 것을 바라지 않고 적당히 살자는 마음이 어떻게 삶을 가볍게 만드는지에 대해 이야기해보자.

매일 나는 왜 이렇게 치열하게 살아야만 하는가? 직장인이라면 더욱더 그런 생각이 들 것이다. 다람쥐 쳇바퀴를 도는 일상이 반복된다. 나는 20대에 한 직장을 5년간 다닌 적이 있다. 매일 아침 똑같은 시간에 일어나 출근 준비를 하고, 회사에 가서는 어제 하던 일을 계속 반복한다. 어쩌다 업무 때문에 잠시 외출하는 시간이 있으면 그나마 잠시 회사에서 해방되는 느낌이 들어서 외부업무를 자청하기도 했다. 정해진 퇴근 시간까지 종일 사무실에만 있다 보면 몸이 근질근질했다. 나는 도저히 직장생활할 사람이 못 되는 것 같았다.

나는 되도록 빨리 결혼하고 직장을 그만두고 보험회사 영업사원으로 입사하게 되었다. 그것도 잠시 실적에 대한 한계를 높이면서 가는 일이다 보니, 열심히 해도 결과가 잘 나오지 않으면 무기력해지기도 했다. 나는 4년간 근무하고 그만두었다. 때마침 만난 네트워크 사업이 신의 한 수였지만, 아마도 네트워크 사업을 만나지 않았어도 직장생활이 아닌 내 적성에 맞는 직업을 찾으려는 노력을 계속했을 것이다. 돈을 버는 일보다는 내가 좋아하는 일을 찾지 못했기 때문이었다는 생각이 들었다. 나는 그때 앞으로 직장 생활을 한다면 눈 앞에 펼쳐질 현실이 막막하고 답답하기만 했었던 기억이 있다. 그 후로 삶을 안주하게 만드는 도구가 직장생활이라는 생각이 들었다. 가장 힘들고 어려울 때도 다시는 안정된 직장을 찾지 않았다. 지금 생각해도 잘한 일이라고 생각한다.

요즘 사람들은 노력하지 않는 생활을 자주 선택할수록 피해는 눈덩이처럼 커진다. 노력하지 않는 삶의 방식, 지금 즐기는 방식에 관대해질수록 후회는 커진다. 결국 노력하지 않으면 죽는다. 노력하지 않고 열심히 살지 않으면 삶이 비루해진다. 사회가 어떻든, 무슨 무슨 구조적 문제이든 간에 노력하지 않으면 그 피해는 자신이 본다. '소확행'이라는 달콤한 유혹에 빠지면서 지금 열심히 살아야 할 시기에 삶의 가치가 전도된다.

그러다 보면 힐링 자체가 삶의 목적이 되지 않도록 우리는 경계해야 한다.

우리는 왜 열심히 사는가? 각자의 이유가 있을 것이다. 누군가는 사랑하는 사람과 행복하게 살기 위해, 누군가는 가족을 부양하기 위해, 누군가는 이루고 싶은 꿈을 위해서 열심히 산다. 열심히 사는 이들은 견뎌야 하는 고통과 시련의 무게에 걸맞은 책임을 짊어지고 있다. 자기 삶에 대한, 혹은 사랑하는 사람에 대한 책임감으로 힘든 하루를 견뎌내기도 한다. 소소하고 행복한 일상은 우리 삶에서 분명히 중요하다. 일상이 무너지는 사회 속에서는 더더욱 중요하다. 왜 열심히 사는가? 소소하고 작은 행복과 늦잠을 위해서? 비싼 음식을 더 먹기 위해? 더 안락하고 편안한 삶을 위해서? 조금 더 비싼 물건을 부담 없이 구매하는 즐거움을 위해서?

그냥저냥 만족하고 사는 삶은 쉽게 무기력해진다. 너무나 가벼워서 지금 당장 만족할 수 있기 때문이다. 무기력하지 않고 더 생동감 있게, 더 가치 있게 살고 싶다면 고통과 시련, 포기와 희생을 감수해야 한다. 그것들을 없애고 피하려고 사는 게 아니라, 그것들을 극복하고 그 이상의 무언가를 위해서 살고 싶다면 말이다. 무언가 되고 싶고 무언가 갖고 싶다면 지금 더 열심히 살아야 할 장치를 만들어라. 자신의 가치를 올려줄 수 있는 곳에 시간을 쓰고 열심히도 살아야 한다. 요령도 없이 열심히만 살다 보면 자칫 자신이 어디로 가는지 모를 수도 있을 때 자신의 목표와 의지만큼 올바른 길로 가기 위한 푯대가 된다고 믿기 때문이다. "왕관을 쓰려는 자, 그 무게를 견뎌라." 내가 바라는 삶을 살기 위한 자신의 도구를 발견할 때까지는 방향을 잃지 않아야 한다.

나는 자신이 하는 일에 대해 자부심과 확신을 갖기 위한 방법으로 관련 도서를 꼭 읽기를 권한다. 부동산이나 주식에 관심을 갖고 성공하려는 사람들도 관련 도서 수십 권 정도는 읽고 공부부터 한다. 자신이 원하는 것에 가치를 부여하고 현재만 보지 않고 자신의 미래에 지금 주어진 시간을 투자하라고 권한다. 삶은 절대로 우리 결정대로 되지 않으니, 오늘 하루 최선을 다해서 살았다면 편안히 자도 된다. 본인이 하고 싶었던 꿈과 미래를 설정하고, 주어진 현재를 치열하게 살아도 원하는 방향대로 가지 않는다. 큰 좌절과 시련이 들이닥칠 때도 있다. 하지만 자신이 바라는 삶의 목적을 잃지 않고 누구보다 열심히 살다 보면 삶의 열쇠가 내 손에 주어진다. 만약, 내가 원하는 방향대로 가고 있다면 진정한 삶의 가치를 부여받는 것이라고 말하고 싶다. 열심히만 살면 안 된다. 우리는 자신이 원하는 것이 무엇인지 정확히 방향을 설정하고 진정 가치 있는 삶을 추구하면서 열심히 살아야만 한다.

09

가난한 사람은
가난한 이유가
있다

   사람들은 누구나 부자가 되고 싶어 한다. 나 역시도 가난한 자신 가난한 부모가 되는 것이 정말 싫었다. "가난은 죄다." 케서린 폰더의 명언이 어느 날 가슴에 꽂혔다. '가난하게 태어난 것, 가난한 부모가 되는 것, 이 것은 내 인력으로 할 수 없는 일인데 나는 그럼 죄인이구나!' 생각할 때가 있었다. 죄인이 되지 않기 위해서는 가난하지 말아야겠다는 생각으로 부자가 되려고 열심히 살았다. 열심히 사는 동안은 늘 힘든 삶의 연속이었다. 그리고 환경을 둘러보았다. 부자가 되려면 돈이 있어야 한다. 남편이 좋은 직장을 다녀야 한다. 부자 부모님이 도와주면 부자가 될 수 있다.

요즘 잘되는 거 하면 된다. 이런 말들만 늘어놓고 정작 부자가 되는 방법을 말하는 사람들은 아무도 없었다.

어느 책에서 '가난한 사고를 계속 가지고 사는 한, 가난으로 향하게 된다.', '아무리 노력해도 가난한 사고를 가슴에 품고 있으면 가난으로 향하게 된다.'라고 정의한 말이 생각난다. 내 주위에 평범한 직장 생활을 하는 친구가 있다. 나에게 자신의 계획을 이야기하곤 하는데 항상 마지막은 "근데 안 되면 어떡하지?"라는 말로 마무리를 한다. 듣고 나면 계획성 있고 그 말이 그럴듯하나 언제나 화장실을 다녀온 후 뒷정리를 안 한 것마냥 찝찝해진다. 그런 일이 반복되면서 그 친구는 늘 이러고 싶다. 저러고 싶다. 늘 바람만 나열하고 실제로 하는 일은 하나도 없다.

하고 싶은 일은 하면 된다. 그런데 걱정을 먼저 늘어놓고 걱정이 앞서다 보니 시도도 하지 못하는 일 투성이다. 사람들은 잘살고 싶고 부자가 되고 싶다고 하면서 가난을 이야기하고 가난한 생각을 하고 가난하게 될까 봐서 두려워한다. 어느 때부터인가 그렇게 말하는 사람들을 만나고 싶지 않았다. 대신 잘 될 일, 하고 싶은 일들을 말하고 도전하는 사람이 좋아졌다. 그리고 그들은 설령 제대로 이루지 못했더라도 남 탓을 잘 하지 않는다. 항상 문제를 자신에게서 찾는다. 무엇이 잘못됐는지 원인을 찾고 개선하려고 한다. 하지만 보통 사람들은 늘 원인을 타인이나 환경에서 찾는다.

나는 아들만 둘을 두었다. 어릴 때 둘이 싸우다가 이유를 물으면 서로 '동생 때문에', '형 때문에'라는 말을 하면 훈육의 강도가 세진다. 나는 유난히 '너 때문에, 누구 때문에, 무엇 때문에'라고 하는 타인에게 책임을 전가하는 말들을 싫어한다. 남 탓을 하면 그 사람이 미워지고, 사물을 탓하면 그 사물을 버리고 싶어지고, 그렇게 되면 내 옆에 남을 사람도 없고 버리고 싶은 물건들 천지일 것이다. 실제로 그런 말들이 귀에 익고 입에서 서슴없이 나오는 일상을 살기도 했다. 그래서 얻은 결과는 뻔하다. 부부간에도 상의하고 일을 시도했든 그렇지 않았든 끝이 좋지 않은 일에는 서로의 탓을 하기 시작하면 견디기 힘들고 함께 살기가 어려워지는 법이다. 무엇이든 처음에는 잘해보고 싶었던 것이고 잘살고 싶은 욕구로부터 시작된 일일 것인데 누군가를 탓해야만 속이 시원한 사람들이라면 함께 살기 힘들 것이다.

함께 일을 하는 분들은 처음에 '내가 이 일을 잘할 수 있을까요?'라는 의문으로 시작한다. 모두가 한결같이 말이다. 그러나 이 질문은 당연한 것 아닌가? 누구라도 처음 해보는 일을 자신 있게 할 수 있다고 말하는 사람들이 누가 있을까? 그런데 오히려 처음부터 만만하게 보고 "나는 잘

할 수 있어요"라고 하면서 시작한 사람은 오래 남아 있는 사람이 별로 없다. 자신이 선택하고 시작한 일에 언제나 안 되는 핑계를 찾기도 한다. 처음부터 잘 못하는 일이지만 안내에 따라 신중히 결정하고, 가르쳐주는 대로 잘 따라 하려고 애쓰는 사람들이 훨씬 더 많은 돈을 번다. 모두가 다 같을 수는 없지만, 나도 어릴 때 부모님에 대한 원망과 환경 탓을 하면서 살았다.

고등학교 때 신문 배달하면서 나는 무조건 내 잘못이 아닌 집안 사정 때문이라고 생각했다. 내가 처음 네트워크 사업을 만났을 때도 일이 잘 안되고, 회사가 문을 닫을 때, 나를 네트워크 사업으로 안내한 사람을 원망했다. 하지만 모든 것은 내가 선택한 일이라는 말이 떠올랐다. 배우자도 결혼도 직장도 내가 선택한 일이라고 인식하면서 지금 내가 어떻게 사는 것이 좋을지 방법을 찾기 시작한 순간부터 기적이 일어났다.

내가 기적 같은 일들을 경험하고 지금 하는 일을 통해서 경제적인 어려움에서 벗어날 수 있었던 때는 불과 십여 년 전 바로 신앙생활을 하기 시작한 때부터이다. 교회에 나간 것은 어릴 때와 결혼 전후였다. 그로 인해 가장 소중한 가정을 이루게 되었지만 결혼생활은 순탄치 않았다. 경제적으로 어렵고 힘겨워지다 보니 어리석은 선택을 하게 되고 먹고사는 일이 힘들어서 하나님을 까마득히 잊고 살았다. 다시 하나님 말씀을 들으면서 지금 이만큼도 감사해야겠다는 생각을 더 깊이 하게 되었다. 뭐든 더 열심히 다시 찾아 해야겠다고 생각했다. 누군가를 원망하는 일도 누군가를 미워하는 일도 줄어들었다.

　나는 다시 시작하는 마음으로 평안하게 일을 했다. 마음을 고쳐먹기 시작하니 나는 첫 달부터 돈을 벌기 시작했다. 두세 달쯤부터는 목표치보다 두 배 이상을 벌면서 내 삶이 확실히 달라졌다. 나는 6개월 만에 60평 아파트로 이사했고, 회사에서 준비해준 승용차를 받게 되었고, 두 아이를 유학 보냈다. 그리고 지금 내가 상상하지도 못했던 삶을 살고 있다. 이 모든 기적의 시작은 분노와 원망보다는 감사의 마음으로 채우며 일을 하기 시작했던 때부터이다. 하나님 말씀을 듣고 깨닫기 시작한 처음을 나는 기억한다. 때로는 힘들고 부정의 송곳이 올라올 때마다 다시 나를 일깨워주었다. 그래서 나는 지금 회사를 하나님께서 나에게 축복의 통로로 허락하신 곳이라고 말한다.

　가만히 생각해보니 나는 부자가 되고 싶다면서 부자가 되는 방법을 생각하고 묻지 않고 살았던 것 같다. 주위에 많은 사람을 봐도 늘 부자로 사는 것을 상상하기보다는 가난해질 때를 대비해서, 만약을 대비해서 적금한다고 하는 사람들이 대다수였다. '이것 모아서 뭘 해야 하지?' 말하면서 꼭 덧붙여서 하는 말은 '어찌 될지 모르잖아'이다. 가난할 수밖에 없는 이유는 가난할 수밖에 없는 생각과 말을 하기 때문이다. 그래서 항상 걱정하면서 산다. 어떤 일을 선택하고 시작하더라도 항상 '잘 안 되면 어떡하지?'를 생각한다. 그렇다 부자가 되지 못하는 첫 번째 이유는 가난을 생각하고 가난을 예상한다. 가난에 대비하면 정말로 가난해진다. 두 번째는 자신을 항상 의심한다. 자신의 성공을 진정으로 바라야 하는데 내가 잘 할 수 있을까? 내가 과연 부자가 될까? 내가 해낼 수 있을까? 의심한다. 뭐든 선택하기 전에 의심과 두려움이 생길 수 있으나 일단 선택하고 나면 어떻게 하면 잘 해낼 수 있을지 어떻게 하면 더 잘 할 수 있을지를 생각해야 한다. 세 번째는 일하다가 가끔 절망의 늪에 빠져서 헤어 나오지 못한다. 어떤 일을 선택하고 일을 하다 보면 생각대로 안 될 때도 있다. 하지만 현실을 인정하고 다음 방법을 찾아가야 함에도 절망 속에 빠지기 시작하면 쉽게 빠져나오기 힘들어진다. 스스로 빠져 나올 수 없다고 생각할 때 누군가에게 조언을 듣든지 자신보다 먼저 그 길을 걸어가고 있는 사람들에게 지혜를 얻어야 한다. 그리고 빠르게 사고의 전환을 하고 바꾸면 된다. 그러나 결코 쉬운 일이 아니라는 것쯤은 알고 하는 말이다.

어느 글에서 "모든 곳에서 사람들이 성공을 향해 분투하고 있다. 그런데 조금이라도 나은 생활을 위해 아침부터 밤까지 열심히 일하면서도 자신이 부자가 될 수 있다고 상상하지 않고 그 희망조차 품지 않는다. 자신들이 열심히 구하고자 하는 것을 구할 수 있다고 믿지 않는다."라고 말했다. 내가 아는 한 여성은 가난을 벗어나지 못하는 전형적인 표본과 같다. 그녀는 항상 자신에게는 생활을 윤택하게 할 만한 능력이 없다고 말한다. 부자인 친구가 이것저것 조언해주어도 그녀는 이렇게 대답한다. "당신은 부자라 쉽게 말하지만 내게는 무리야. 옛날부터 가난했고, 앞으로도 마찬가지일 거야. 내 능력으로는 생활에 필요한 최소한의 것밖에는 살 수 없고 그걸로 충분해. 가끔은 사치하고 싶은 마음이 들기도 하지만, 그건 낭비야. 만일을 대비해서 저축하지 않으면 안 돼. 늘 이대로도 좋아."라고 말하지만 언제나 멋지게 차려입고 명품가방을 손에 든 사람을 부러워하면서도 이렇게 말한다. "나는 저런 거 필요 없어. 비싼 가방은 부담스러워. 비싼 자동차는 잠깐 스치기만 해도 수리비가 장난이 아니야."

이런 말을 늘어놓는 사람과 단 1분이라도 함께 하고 싶은 생각이 드는가? 부자가 되고 싶다면, 가난한 말투부터 부자들이 쓰는 언어로 바꿔보자. 지난 시간을 되돌려 가난했던 시절들 속에는 항상 내 말대로 되었던 것 같다. 부자가 되고 싶다면서 항상 내 이면에 깔린 언어들은 긍정보다는 부정의 말들, 그리고 확신 없는 말들과 단어를 선택했었던 때가 많았다. 가난과 실패에 마음이 가난과 실패만 찾아오게 했다. 항상 성공을 생각하고 부를 바라면서 그 반대를 머릿속으로 그리고 있다. 계속해서 가난한 삶을 살기를 원치 않는다면 사고를 바꾸고, 안될 것들에 대한 것은 어떠한 것도 떠올리지도 말라. 가난한 상황을 그리지도 말고 어려울 때를 대비해 저축하지도 말라. 행복하게 멋지게 살려고 저축해야 한다. "가난은 죄다"라고 말한 케서린 폰더의 말에 나는 하나를 덧붙이고 싶다. 가난한 사람들의 언어를 쓰고 가난한 사람들과 함께 어울리면서 자신의 몸에 어느 순간부터 배어버린 말들을 빨리 끌어내어 고쳐야만 한다. 그대로 두면 가난은 자신에게 찾아온다. 빨리 치료하지 않으면 가난한 생각은 병이 된다. 나와 내 주변이 가난한 삶으로 물들지 않기를 나는 매일매일 바라고 이 길을 함께 가기를 바라는 사람들이 많아지기를 진심으로 바란다.

2장

가난한
마인드에서
부자 마인드로
바꿔라

대접받으려
하지 말고
먼저 대접하라

아인슈타인은 이렇게 말했다.

"한 사람의 가치는 그가 받는 것이 아니라 그가 베푸는 것을 통해 판단해야 한다."

어느 날 책 속에서 만난 한 줄 명언에 고개를 끄덕이며 격한 공감을 하게 되었다. 내게 너무 큰 깨달음을 주는 말이다.

보통 사람들은 선물을 주고받는 일을 일상처럼 하지 않고 기념일이나 특별한 날에 하는 것으로 알고 있다. 나도 예외는 아니었던 것 같다. 나는 일의 특성상 많은 사람을 만난다. 그 만남 속에 여러 유형의 사람들이 있지만, 유난히 기억에 남는 사람들이 있다. 크든 작든 누군가에게 늘 선물하기를 좋아하는 유형들이다.

어느 날 함께 일하는 D씨는 대화 중에 "나 그거 너무 좋아하는데"라고 무심코 한 말을 기억하고 "이거 좋아한다고 하셔서 오다가 사 왔어요" 하며 망고스틴이며 크고 작은 선물을 자주 해주는 소중한 사람이다. 나이가 젊은 친구인데도 유난히 선물하기를 아끼지 않고, 감사함을 표현하는 모습을 보면서 대단하단 생각이 들었다. 자신의 돈과 시간을 투자한 선물을 기쁜 마음으로 주는 일은 어른들도 쉽지 않은데 말이다.

또, 함께 식사하고 나면 꼭 먼저 계산대로 가는 사람, 아니 식사를 마칠 때쯤 "화장실 다녀오겠다"라며 미리 계산까지 하고 오는 사람도 있다. 그렇게 자기 돈 쓰기를 기꺼이 하는 사람들은 흔치 않다. 그러고 보면 좋아하는 사람에게 모두 주기를 좋아하는 유형인 것 같다. 그러나 아무리 좋아하는 사람이라도 크고 작은 선물로 마음을 표현하는 것은 누구나 다 할 수 있는 일은 아니다. 누군가에게 주는 기쁨을 즐기는 사람들만이 할 수 있는 일이다. 꼭 부자가 아니라도 말이다. 반면 넉넉한 형편이라고 해서 다 베풀기를 좋아하는 것은 아닌 것 같다. 부자는 "하늘에서 내린다"

는 말이 있듯이 어쩌면 베푸는 마음도 타고난 성품이 있다는 생각이 든다.

요즘 일요일이면 점심 식사를 자주 함께하는 교회 집사님이 있다. 틈만 나면 서로 약속 있는지 묻고 바로 눈빛으로 약속을 정한다. 우린 어디를 가든 멋진 곳, 더 멋진 곳, 맛있는 집, 더 맛있는 집을 찾는다. 풍경도 맛도 만족하는 곳을 찾아서 다녀본 사람들이라 서로 정말 편하다. 가격을 생각하지 않고 어디든 좋은 곳으로 정한다. 우리는 식사를 마치기도 전에 서로 지갑을 열어 계산하기를 경주하듯 한다. 교회에서는 오래 보기는 했지만, 밖에서 함께 식사는 처음인 자리에서도 내게 고맙다고 하며 만만치 않은 식사 비용을 거침없이 지불했다.

식사를 마치고 헤어지고 나면 꼭 반드시 내게 문자를 보내서 또다시 감동을 준다. 살면서 흔하게 볼 수 없는 사람이다. 일부러라도 친해지고 싶은 사람이라고 해야 하나? 한번은 밤 11시가 넘었는데, 이렇게 예쁜 메시지가 왔다. "○○집사님 오늘 하루도 잘 보냈죠? 좋았던, 어제 기억을 풀어내보고 잠시 ○○집사님 생각에 웃어보네요. 평범한 것 같지만 특별한 하루. 약속 장소 잡고 멀리 달려가지 않았지만, 매주 보는 기쁨도 식욕 돋는 즐거운 행복 만찬이었습니다. 다시 오지 않을 좋은 하루의 기억에 모든 것이 감사합니다. 다음번엔 내가 맛있는 고기 살 테니 고기 순삭

하러 가요. 좋은 시간, 좋은 공간 좋은 ○○집사님과 행복했던 기억 더듬어 봅니다. 나를 마냥 웃음 짓게 합니다. 덕분에 오늘 하루도 여유 있게 마무리합니다. 꿀잠자용~~"

나는 이 메시지를 받고, 너무 감동 받아서 잠들기 전까지 입가에 웃음이 사라지지 않았다. 나는 S 집사님 덕분에 그날은 세상 행복하게 잠을 청할 수 있었다. 점심 식사 한 끼에 이토록 멋진 메시지를 보내는 저분은 도대체 어떤 복을 받은 사람일까? 점심 식사를 함께하는 내내 "너무 맛있다. 너무 행복해."라고 하면서 기꺼이 점심을 사고 싶은 충동을 참지 못하게 했다.

그 후로도 S 집사님은 지금까지도 내게 기쁨을 주는 캐릭터이다. 누군가에게 대접하는 한 끼의 식사가 이토록 멋진 이야기를 만들 수 있는 소재가 된다는 것에 나는 한 번 더 감동했다. 이런 감동이 서로에게 오래도록 멋진 기억으로 남을 수 있는 것은 단순한 한 끼 식사가 아니라 진정한 가치가 있는 일이라는 것을 알게 되었다. 나는 S 집사님의 진심을 느끼게 되어 내가 더 많이 감동하고 감사했던 소중한 기억으로 남았다. 나는 요즘 S 집사님과의 만남이 재밌고 즐겁기에 은근히 기다려진다.

내가 서른 중반에 『부자가 되려면 부자에게 점심을 사라』라는 혼다 켄의 책을 읽은 적이 있다. "부자가 되려고 마음먹은 사람은 자신의 부의 상태를 다른 사람과 굳이 비교하지 않고, 타인을 기쁘게 하는 일을 한다"라는 내용이었다. 나는 그날 이후로 '누구에게라도 베풀려면 이왕이면 기쁜 마음으로 베풀어야겠다'라고 생각했다.

"베풀기를 즐기자" 그러려면 "돈을 더 많이 벌자" 결심하게 만들어준 소중한 책이다. 나는 누군가에게 선물을 받으면 받은 것 이상으로 더 많이 되돌려줘야 마음이 편한 사람이다.

어떤 사람은 "돈 많으니까 써도 돼"라고 말하기도 한다. 그런 말을 들으면 줬던 걸 다시 빼앗아 오고 싶을 마음이 생긴다. 그런 말을 들으면 즐겁지 않다. 다른 사람의 호의를 당연하게 받아들이는 말들은 인상을 찌푸리게 만든다. 베푸는 기쁨을 한 줌 재로 날려버리는 재주가 있는 말이다. 나는 그의 말에서 가난이라는 단어를 떠올리게 된다. 그래서 다음 약속을 다시 청하고 싶지 않은 사람으로 기억하게 된다.

사토 도미오의 저서 『진짜 부자들의 돈 쓰는 법』에 다음과 같은 이야기가 있다.

한턱내는 습관이 있는 대단한 친구에 관한 이야기였다. 다른 사람에게 식사 대접하는 것만큼은 대단한 친구와 금방 친해질 수 있었던 친구의 돈 쓰는 법에 놀랐다고 한다. 그러던 어느 날 그가 280억 원을 탈세했다는 이야기를 듣고 저자가 전화해보니 "남미로 도망가 버릴까?"라고 말하는 내용이 심상치 않았는데 결국 지인들의 설득으로 생각을 고쳐먹고 280억 원의 빚을 다 갚았다고 한다. 대단한 남자다 감탄하게 한 그 친구는 결국 다시 재기하여 부동산업으로 성공했다고 한다.

그가 "그 정도로 돈의 사랑을 받았다"라고 표현하는 이유는 그의 주변에는 도와주는 이가 굉장히 많았기 때문이라고 말했다. 한턱내는 습관은 천성이겠지만 결과적으로 그 천성은 그에게 많은 아군을 만들어주었다. 그렇기에 그가 아무리 곤란한 일을 겪게 되어도 누군가가 도와주었고, 그는 다시 돌아와 "'모두의 덕분'이라면 돈을 쓸 수 있었습니다. 그야말로 '부자가 되는 습관'이 처음부터 몸에 배어 있었던 것입니다"라고 말했다.

그렇다 나도 이 책을 읽으면서 어릴 때 봤던 엄마 모습을 떠올리게 되었다. 동네 입구에 있는 우리 집은 동네 분들이 모두 지나치는 길목에 있다. 사람을 좋아하셨던 엄마는 거의 매일 지나가는 동네 분들을 집으로 부르셨다. "S 아버지, A 엄마! 우리 집에서 막걸리 한잔하고 가!" 어느 날은 "우리 집에서 부침개 먹고 가.", "쑥국 한 그릇 먹고 가." 등등. 한참 예민한 나이에 비좁은 집에 동네 분들이 오는 그것에 대해 불편함을 내색한 적도 많았는데 아랑곳하지 않으시던 엄마 모습이 떠오른다.

어쩌면 나는 그때부터 베푸는 것을 즐거워하는 엄마의 영향을 받았을지도 모른다. 매번 받는 일에는 익숙하지 않아서 하나를 받으면 몇 개를 더 주고 싶은 생각을 하는 습관이 나도 모르게 몸에 밴 듯하다. 대접받으려 하지 말고, 먼저 대접하라. "어려울 때 진짜 친구를 알아본다"라는 말을 많이 한다. 하지만 그 진짜 친구들이 힘든 친구를 그냥 돕지는 않았을 것이다. 그동안 자신의 형편이 어려울 때나 좋을 때나 한결같이 그들은 베푸는 천성을 가지고 있었을 것이다. 내가 어릴 때는 그렇게 힘든 형편임에도 항상 누군가를 대접하려는 엄마를 이해할 수 없었다.

하지만 그때는 알지 못했던 것을 지금에서야 깨닫게 되었다. 지금은 살아계시지 않지만 한없이 감사하다. 먼저 말한 D 친구도 S 집사님도 나를 웃음 짓게 하는 사람들이다. 나는 오래도록 이렇게 감사한 마음을 갖고 사는 것이 내게 또 다른 운이 찾아오는 원천이 되었다고 믿는다.

02

가난한 마인드에서
부자 마인드로
바꿔라

"인생은 움츠려 살기에 너무 짧다."

— 디즈테일러

우리는 살면서 많은 이들과 이야기를 나누고, 서로의 생각을 나누며 살아간다. 서로에 대해서 알아가는 시간이 필요하다. 하지만, 모두가 다 곁에서 함께 하지 않는 것 같다. 어느 날 내 주위를 둘러보니 남아 있는 사람들은 몇 되지 않는다. 같은 생각을 하고 같은 꿈을 꾸고 추구하는 방향이 맞는 사람들일 것이다. 이야기 소재도 비슷하고, 나누는 언어도 어쩌면 비슷한 사람들끼리 남는 것 같다.

내가 스무 살에 근무했던 직장동료를 최근에 만났다. 근 30년이 훌쩍 지난 지금에야 만났으니 얼마나 오랜 시간이 지났는가? 나와 아이들 앞에서 그가 한 말은 딱 한 마디였다. "너희 엄마는 남자로 태어났어야 해." 나에 대한 제 생각을 한마디로 정의한 말이다. 그토록 많은 시간이 지나도 나를 표현한 그 한마디를 들으며 기분이 좋았다.

그때 나는 언제나 현실에 대한 수긍보다는 자꾸 미래를 먼저 이야기하는 사람이었다. 아이러니한 것은 늘 꿈은 있었지만, 현실에서는 부정적이었다. 미래를 이야기하면서 마음속에는 '언제나 될까?', '과연 내가 그렇게 될까?' 하는 의심을 하기도 했던 것 같다. 긍정 70%, 부정보다는 나에 대한 의심 30% 정도였다. 그러다 보니 모든 것들이 어느 정도까지는 되는데 어느 지점에 가서는 포기 내지는 이루어지지 않은 일투성이였다. 나 스스로 자신을 믿는 마음이 약했기 때문이었으리라. 부자 마인드를 가지고 있었던 반면에 가난한 마인드도 함께 가지고 있었다는 증거이기도 했다.

30년이 지난 지금의 나는 완전한 부자의 길로 가고 있다. 당시의 가난한 마인드를 버렸기 때문이다. 전 직장동료가 나를 정의한 말은 항상 말이 거창하고 욕심을 가진 남자들처럼 약속의 말을 강하게 내뱉는 성격 때문이었다. 그렇게 과거에 심어졌던 내 이미지가 지금 무색하게 되지 않아서 천만다행이라는 생각을 했다. 지금 시점에 내 과거의 모습을 비추어보는 하나의 소재가 되게 해주어서 얼마나 감사한지 모른다.

스무 살 이후로도 나는 어렵게 사는 날이 더 많았었다. 아무도 나에게 코칭을 해주지 않았던 시기였다. 오직 스스로 준비하고 실행해야 하는 위치에 있다 보니 사실 두려움도 많았고, 실수도 잦았다. 20대와 30대를 악전고투하면서 살았다. 그후 지금 하는 네트워크 회사에 강사로 오신 1970년 새마을 운동 창시자 류태영 박사의 강연을 듣게 되었다. 70대 후반의 나이셨던 터라, 꾸부정한 모습으로 강연장에 들어오시는 첫인상과 말씀은 늘어진 카세트 테이프 같다고나 할까? 그럴 수밖에 없는 것이 그에 대해 알고 있는 것은 딱 하나 새마을 운동 창시자라는 사전정보 밖에는 없었기 때문이다.

새마을 운동은 내가 태어나던 해 1970년 "잘살아보세"라는 구호를 바탕으로 농촌 경제 발전을 위해 시작된 국가 정책 사업이다. 류태영 박사가 새마을 운동으로 이룬 성과에 대해서 15년이 지난 1985년 10월에 국가 훈장을 받았다는 사실을 알게 된 건 강의가 끝난 후 찾아보고 나서였다.

내가 류태영 박사의 이력까지 찾아보게 된 것은 내 삶의 완전한 변화를 준 한마디 때문이었다.

"너는 매미다." 굼벵이가 시커먼 땅속에서 7년의 세월을 버티는 이유는 매미라는 사실을 의심하거나 부정하지 않기 때문이라는 것이다.

"어떠한 환경에서도 자신이 하고 싶다면, 자신이 꼭 이룬다고 생각하라. 단, 자신을 의심하지 마라. 단 점 하나라도 의심하지 마라. 당신은 할 수 있다. 이런 내 말도 의심하지 마라. 부정의 씨앗을 없애라. 자신의 성공에 부정의 씨앗이 점 하나라도 있으면 안 된다. 점 하나의 의심도 없다면 당신이 하고 싶은 것을 다 이룰 수 있다." 어록에 남을 만한 이 명언이 십여 년이 지난 지금도 가슴에 울린다. 언제나 성공하고 부자가 되는 길을 꿈꾸며 살았지만, 류태영 박사의 명언을 듣기 전까지는 내가 힘들 수밖에 없었던 이유를 알 수 없었다. 그날 나는 확실히 알게 되었다. 이전까지 수없이 읽었던 책들은 제대로 된 핵심 파악을 하지 못한 쓸모없는 지침서였음을 알아차렸다고 해도 과언은 아니다.

그날 이후로 나는 바뀌기 시작했다. 뭐든지 선언하고, 집안 곳곳에 소원과 목표를 종이에 적어 붙이기 시작했다. 내 미래가 불안해지거나 부정적인 생각이 들면 나의 뇌에 부정과 불안이 들어와 자리 잡지 못하도록 고개를 계속 흔들면서 이렇게 다짐했다. '나는 매미다. 나는 변신한다. 나는 생각한 대로 다 해낸다. 나는 무조건 한다.' 유치한 행동이었지만 놀랍게도 소원과 목표를 계속 이루어갈 수 있었다. 기적 같은 일들이 일어나기 시작한 것이다.

집 한 칸이 없을 만큼 확실히 가난해질 대로 가난해진 시기에는 내가 원하는 모든 것을 믿는 만큼 채워주셨다. 좋은 집으로 이사도 하게 해주시고 그동안 연봉으로도 받기 힘든 금액을 월 소득으로 꾸준히 채워주셨다. 신기하게도 너무나 빠른 속도로 부자의 삶에 가까워졌다. '언젠가는 잘되겠지!'가 현실로 이루어져가는 것을 경험하면서 더욱더 내가 하는 말과 행동과 생각에 믿음이 점점 더 커졌다.

목사님 설교 말씀을 들으며 나의 삶의 지지자 하나님을 더욱 신뢰하고 나에 대한 믿음도 더 굳게 할 수 있었다. "여호와를 경외하라. 나의 아들아 꾸지람을 싫어하지 말라. 징계로 지혜를 얻고, 지혜는 진주보다 귀하다. 네가 사모하는 모든 것으로도 이에 비교할 수 없도다. 그의 오른손에는 장수가 있고 그의 왼손에는 부귀가 있나니 그 길은 지름길이요. 지혜를 얻는 자에게 생명 나무라 지혜를 가진 자는 복 되도다."라는 잠언 3장 말씀을 들으면 어떤 일을 시작하고 실패를 하더라도 두려움이 사라졌다. 실패한 일들에 대한 성급한 시작과 과정들을 일일이 생각하게 되었고, 그러면서 자신을 점검하기 시작했다.

그 이후로 많은 사람을 만나고 이야기를 나누는 과정에서 어떤 사람들이 가난한 마인드를 가졌는지, 부자 마인드를 가졌는지 확실히 알 수 있었다. 가난해질 수밖에 없는 사람들은 가난해질 수밖에 없는 언어를 사용하고 무엇보다 자신을 믿지 못하는 사람들이었다. 누군가의 조언을 듣지 않으며 아무리 좋은 이야기를 해줘도 자신의 말만 늘어놓는다. 그리고 배울 생각도 하지 않는다. 혹시라도 그들에게 어설픈 조언이라도 하면 기분 나빠하고 금세 인상이 굳어진다. 반면 부자가 될 수밖에 없는 사람들은 우선 자신에게 자신감이 넘친다. 그리고 확신에 찬 목표가 있다. 다른 사람 말을 경청하면서 공감을 한다. 비록 자신의 목적과 이상에 맞지 않은 말이라도 듣는다. 그리고 누군가의 조언을 감사히 받아들인다.

어떤 삶을 선택하고 싶은가? 나는 부자의 삶을 선택했다. 부자의 삶을 위해 약간의 부정이라도 섞인 말들은 아예 듣지 않기로 선언했다. 그리고 스스로 자신에게 용기를 주는 말들을 했다. 나는 늘 스스로 '너무 예쁘다. 나는 좋은 사람이다. 나는 괜찮은 사람이다.'라는 말을 하기 시작했고 실제로 그 말에 맞게 살아가기 위해 노력했다. 나 자신을 믿었고, 내 말에 늘 힘을 실어서 실제의 삶으로 연결하도록 노력했다. 그리고 나를 항상 위로해주시는 하나님 말씀을 전적으로 신뢰하며 살기를 원했다. 누군가의 조언을 두려워하지 않았다. 사람의 생각으로 기분이 나쁠 때도 많지만 그 순간마저도 노력해야 했다. 워낙 많은 사람과 하는 일이다 보니 그 속에서 벌어지는 일들은 가히 상상할 수 없는 오해와 배신과 뒷말들이 많을 수밖에 없었다. 좁은 곳에서 하나하나 신경을 쓰다 보면, 이겨내기 힘들 때도 있다.

그러나 이런 모든 일도 나를 부자가 되게 하려고 만드는 구간이라는 것을 확실히 알게 되었다. 잠시 어려운 장애물 구간에 놓여 있다고 생각할 때도 있지만, 나는 단 한 번도 자신을 의심하지 않고 내게 오려는 가난한 마인드를 가진 사람으로 내려가지 않으려고 끊임없이 노력하고 있다.

이 책을 읽고 있는 당신도 이제 더 이상 가난해지지 않으려면 가난해지지 않을 마인드로 세팅하기를 바란다. 예전의 나처럼 의지가 약하고 스스로를 의심하고 자신의 성공을 조금이라도 의심하며 시간을 낭비하지 않기를 바란다. 더 큰 부자가 되고 싶은가? 더 빨리 부자가 되기 위해 부자 마인드로 자신을 풀 장착하라. 그리고 부자들의 삶을 보고 그들의 삶을 사는 것처럼 행동하라. 무엇보다 자신을 아끼고 사랑하는 이들의 조언은 기꺼이 받아들여라. 나 역시 지금으로 만족할 수 있지만, 지금 이 자리에서 또 다른 성공의 문을 계속 두드리고 있다. 그래서 더 많은 조언을 받아들여야 한다고 다짐한다. 내가 하고 있다면 여러분은 충분히 더 잘 할 수 있다. 지금 하는 이 말을 온전히 믿기를 바란다.

03

행복한 부자가
되기를
갈망하라

나에게는 생각할수록 가슴 아픈 기억이 있다. 결혼 후 두 아들을 키우
면서 힘겨운 결혼생활을 이어가고 있을 때의 일이다. 처음 결혼생활은
경기도 광명시에 있는 반지하 셋방살이부터 시작했다. 보험회사에 다니
며 둘이 맞벌이를 하면서 빌라 전세로 옮기게 되었다. 그다음엔 은행 빚
을 지고 빌라 한 채를 사서 이사했다. 그야말로 내 집 마련을 한 것이다.
네트워크 사업을 시작한 직후라서 한 사람의 소득으로 생활하게 되었는
데 남편도 직장을 나로 인해 잠시 쉬게 돼서 이러저러한 상황들이 지속
되면서 악순환이 반복되었다. 결국 집마저 전세로 내놓고 이사를 하게

되었다.

돈이 없다 보니 우리는 다시 반지하 셋방에서 살게 되었다. 큰아이가 6살, 작은 아이가 세 살이었기에 아이들을 친정엄마께 맡기게 되었다. 자꾸 시골에 내려가셔서 혼자 있는 것이 편하다고 하시는 엄마에게 서운함을 표현하면서 좁고 불편한 집으로 강제로 모셨다. 내가 도움을 드리기는커녕 나이 드신 엄마에게 육아의 도움을 받으려고 욕심을 부린 것이다. 시골에서 혼자 자유롭게 사시다가 말동무할 사람 하나 없는 갇힌 곳에서 이기적이고 철이 들지 않은 막내딸 손자까지 보며 사시게 했다. 생각해보면 얼마나 이기적이고 못된 딸이었는지 굳이 더 나열하지 않아도 짐작이 되고도 남을 것이다.

어느 날 엄마는 고열에 힘들어하셨다. 변변한 병원 진료도 못 해드릴 때라 엄마는 가까운 근교에 있는 오빠를 통해 병원 진료를 받게 되었다. 동네 내과 의사는 바로 큰 병원으로 가보라 하였고, 큰 병원의 의사는 말도 안 되는 이야기를 내게 전했다. '암.' 상당히 오래전부터 진행되어 고통스러우셨을 텐데 왜 이렇게 늦게 찾아왔냐고 했다. 눈물이 왈칵 쏟아졌다. 눈물이 멈추지 않았다. 나 때문이라는 생각에 사실 매우 미안하고 마음이 아팠다. 암세포는 이미 전이되기 시작해서 수술을 해봐야 안다고 했다. 그러고 보니 매번 안부 전화를 할 때마다, 며칠씩 아파서 힘들어하신다는 말을 들었다. 아마 오래전부터 이렇게 심하게 혼자 앓고 계셨던 것 같았다. 우리는 그때마다 일을 많이 해서 아프다고 생각해서 일 좀 그만하라고만 했다. 큰 병이라는 생각은 꿈에도 못했다.

그렇게 혼자서 고통을 참는 데 익숙해진 엄마는 진통제로 견디고 계셨다. 그런데 나는 알지 못했다. 아니 심각하게 받아들이지 않았던 것 같다. 아픈 엄마를 제대로 돌보지 못하고, 암이 전이되어가는 줄도 몰랐다. 이미 8년 전부터 고관절 수술을 하면서 인공관절 시술을 하신 엄마는 진통제로 사셨던 터라 대수롭지 않게 여기고 살았다. 아주 오래전부터 혼자 되셔서 고생을 많이 하셨을 뿐, 다른 분들보다 훨씬 건강하시다고 생각했었다.

엄마는 이대 목동병원에서 항암치료를 시작하시면서 병원에서 근 1년 이상 치료를 받으셨지만 끝내는 퇴원을 못 하시고 돌아가셨다. 내가 사는 동안 가장 어렵고 힘든 고통스러운 시간이었다.

엄마는 동네 분들 사이에서 멋쟁이란 소리도 들으시고, 나름 가꾸며 살려고 하셨다. 힘든 내색을 잘 하지 않고 씩씩하게 살아가셨다. 아니 어쩌면 내가 어려서 제대로 알아차리지 못했다는 표현이 맞을 것 같다. 자신보다 자식들을 생각해야 했던 엄마는 자신을 위해서 멋을 내며 살고 싶은 욕구도 억누르며 살아갈 수밖에 없었다.

그래서… 그래서… 엄마를 생각하면 한없이 눈물이 난다.

엄마에게 더 미안한 것은 엄마가 병원에 계시는 동안 내가 병원에 갔던 횟수는 열 손가락 안에 꼽는다는 것이다. 안양에서 목동을 오가는 기름값이 없을 만큼 실제로 어려웠다. 솔직히 지지리 궁상 맞은 나를 보여주러 가는 것이 끔찍히 싫었다는 표현이 맞는 것이다. 오히려 내 모습을 보여드리지 않는 것이 낫다고 생각했다 지금 갱각해보면 이기적이기 이를 데 없었다.

까마득히 잊혀가는 이야기를 꺼내 쓰면서도 지금 나는 눈물이 멈추지 않는다. 그리고 나는 부모님이 살아계신 친구들에게 살아계실 때 더 잘해드리라고 말한다. 내가 오래전에는 깨닫지 못해서, 제대로 알지 못해서 할 수 없었기 때문이다. 하지만 그동안 숱하게 인생 선배들에게 들었던 이야기를 공감하지 못하던 내가 지금에야 스스로 깨닫게 된 것이다.

그 시절 나는 생각보다 더디 이뤄지는 네트워크 사업을 하면서 돈벌이가 거의 없을 때였다. 이제나저제나 기대하며 일을 계속하다 보니 힘들게 벌어오는 남편의 월급으로 생활하게 되자 은근히 자존심이 상했다. 그리고 가정이 어려워진 이유가 모두 나 때문이라는 자책이 들어서 스스로 견디기가 너무 힘이 들었다. 저녁이면 잠을 잘 수가 없었다. 그래서 노동으로 내 몸을 혹사하기 시작했다. 아는 부부가 하는 작은 호프집에서 주방 설거지를 하면서 새벽까지 일하고 돈을 벌었다. 그리고 집으로 가야 하는데 집으로 가지 않고 집 근처에 있는 백운호수로 가서 빠져 죽을 생각도 여러 번 했다. 그즈음 나는 남편과 결국 이혼하게 되었다. 막막하지만 나는 아이들을 남편에게 잠시 부탁하고 집을 나왔다.

그렇게 모진 마음을 먹고 아이들과 헤어져 살면서 '나는 반드시 꼭 돈을 많이 벌어서 아이들과 잘 살겠다.' '내 대에서 가난을 끊어야 한다'라고 생각하면서 하루하루를 살았다. 지금 생각하면 꼭 그렇게 이혼하고 집을 나와서 극단적인 상황으로 만들 수밖에 없었는지 다시 묻는다. 당시 내 손길과 사랑이 필요했던 두 아이들에게 두고두고 미안한 마음이 들고, 내게는 후회로 남은 일이다. 하지만 돌이킬 수 없는 시간이기 때문에 지나간 일보다는 앞으로 어떻게 살아가야 할지를 생각했다. 오해도 많았고, 일일이 다 나열할 수 없는 일들이 수없이 벌어지고 반복되는 세월을 거쳐왔다.

살면서 가장 힘들었던 것은 행복한 삶은 내게 오지 않을 거라는 생각에 불안할 때였다. 그래서 나는 언제나 치열하게 사는 순간순간의 여유로움을 느낄 수가 없었다. 눈을 감고 찬찬히 살아왔던 삶을 생각해보면 무엇을 위해 나는 그렇게 치열하게 살아왔을까? 질문한다.

나는 잘살고 여유 있는 삶, 그리고 가난한 부모가 되지 않으려는 마음뿐이었다. 그러나 나는 그렇게 다듬어지지 않는 생각을 가지고 어른처럼 살면서 고통스럽게 짜증을 내면서 살고 있었다. 그때를 돌이켜보면 내 감정에 충실하며 선택한 일들은 언제나 선택의 악순환을 반복하고 결과가 좋지 않았다. 스스로 삶을 어렵게 만들고 가족들마저 힘들게 만든 사람이었다고 고백한다. 아무리 열심히 살아도 늘 나는 운이 없다고만 생각했다. 그리고 남 탓을 했다. 그렇게 인생에 밑바닥에서 나는 마음을 선하게 다잡지 못한 오기로 근근이 살았다. 그러면서도 언제나 무슨 자신감인지 "나는 무조건 잘될 거야. 두고 봐."라며 항상 입으로 말하곤 했다. 생각해보면 나도 막연히 부자가 되겠다는 생각만 했지 방법을 모르면서 입으로만 반복했다. 그렇게 하면 되는 줄로 알고 살았다.

지금 나는 10년 가까이 떨어져 살았던 두 아들과 함께 살고 있다. 이렇게 함께 살 수 있었던 것은 간절한 소망을 꼭 이루기 위해 포기하지 않았기 때문은 아닐까? 두 아들과 함께 살게 되면서 예기치 않은 일들도 많았다. 살면서 여러 번 어리석은 우를 범하며 살았지만, 지금 나는 누구보다 행복한 시간을 보내고 있다.

큰 부자가 되어가는 문턱에 있는 지금, 예전의 나에게 또는 이 책을 읽는 당신에게 해주고 싶은 말이 있다. 막연히 돈 많은 부자만 되려 하지 말고 이제는 행복한 부자 되기를 먼저 결심하라. 그리고 행복한 부자 되는 길을 요즘 넘쳐나는 책 속에서 배워라. 그리고 행복한 부자의 길을 안내해주는 스승을 만나라. 스승이 안내해주는 길을 따라 자신의 몸값을 올리는 데 시간과 돈을 써라. 그래야만 원없이 돈을 벌 수 있다. 자신의 욕망도 감추지 말고 꺼내놓으라. 그 누구보다 자신이 행복한 부자되기를 끝없이 갈망하라. 그것을 자신의 것으로 만들려는 노력과 행동이 자신을 행복한 부자로 만들어 가는 데 분명히 도움 된다. 자신의 욕망을 더 많이 꺼내서 마음껏 표현하라. 그 누구보다 자신이 행복한 부자 되기를 계속 갈망하기를 멈추지 마라.

04

부자가 될 수밖에 없는
사람들의
3가지 공통점

주위를 둘러보면 사회적으로 성공한 부자들이 정말 많다. 그중에서도 요즘 유튜브를 통해서 자신을 알리는 일을 꾸준히 하는 켈리 최 회장의 활약이 더욱 두드러진다. 불과 2~3년 전 모습과는 비교도 되지 않을 만큼 더 멋져지고, 말의 전달력도 더욱 힘이 세졌다. 무엇을 표현하는지 알겠으나 좀 또렷하지 않은 발음이 조금은 불편했었는데 지금은 전혀 그렇지가 않다. 최근 켈리 최 회장의 저서 『웰씽킹』은 '켈리가 했다면 당신도 반드시 할 수 있습니다.'라고 쓴 친필과 사인과, '있는 그대로의 내 모습이 눈부신 기적이라는 것을 깨닫게 해준 사랑하는 나의 동반자 제롬 카

스탕에게 이 책을 바칩니다.'로 시작된다.

작가의 프롤로그 마지막 말은 '바라던 삶에 가까워져라. 부자가 될 사람은 따로 있고, 이제 당신 차례여야만 한다.' 너무 내 것으로 만들고 싶지 않은가! 책의 서문을 읽었을 뿐인데 모두 다 내 것으로 만들고 싶은 충동이 일어났다. 책을 더 읽기도 전에 한참이나 가슴이 뛰었다.

나는 백번 이상 읽고 가슴에 새기기로 했다. 그래 이젠 내 차례여야만 한다. 나는 간절히 바라고는 있는가? 부자가 될 사람이라고 생각하는가? 내 차례라고 생각한다면 나는 무엇을 해야 하는가? 이렇게 질문하다 보니 부자가 될 수밖에 없는 사람들의 공통점을 찾아가는데 그리 어렵지 않았다. 자신이 부자가 되겠다는 결심을 한다. 어떤 부자가 될지를 결정하고 부자들의 삶을 동경하고 부자로 성공한 사람들을 연구한다. 자신이 현재 위치에서 해야 할 일들을 찾아서 꾸준히 하고 자신의 목표를 향해 끊임없이 달려간다.

얼마 전 세계 부자들의 공통점을 적어놓은 글을 우연히 보게 되었다. '위험을 감수하고 기회포착 능력이 뛰어나다. 실패를 두려워하지 않는 배포를 가지고 있다는 공통점이 있다. 대부분 부유한 가정에서 태어나지 않은 자수성가형 부자들이다.'라고 표현했다. 나폴레온 힐은 "부자가 되고 싶다면 부자처럼 생각하고 실행하라."라고 말했다. 전 세계적으로 많은 이들에게 희망을 전해주고 인생을 바꿔주는 삶을 전해주는 말이다. 세계적으로 부자가 많은 유태인의 부자 이야기를 다룬 혼다 켄의 저서 『돈과 인생의 비밀』에서는 부자가 되고 싶어 하는 제자에게 먼저 이렇게 하라고 말했다.

"첫째, 기필코 행복한 부자가 되겠다고 생각하라.
둘째, 자신의 인생을 100% 책임져라.
셋째, 부자가 되고 나면 다른 이들에게 지혜를 가르쳐주고 다른 이들의 성공을 도우라."

부자가 되겠다고 마음을 먹지 않는 사람에게는 자신에게 기회조차 오지 않는 것 같다. 어느 날 만난 N 씨와 대화하다가 가슴 답답함이 몰려왔다. "돈을 많이 벌고 싶다. 부자가 되고 싶다." 하길래 그럼 지금이라도 다른 일을 찾아보라고 하면 "내가 뭘 할 수 있을까? 나이가 많아서 또 내가 할 수 있는 일이 있을까? 나는 이대로 살란다!" 늘 이렇게 대화가 끝이 난다. 바람은 있는데 도대체 마음을 먹지 않는다. 그리고 한마디 덧붙이면 "너는 좋겠다"라고 말한다. '부럽긴 한데 나는 못 하겠다'는 뜻이다. 더는 할 말이 없어 나는 입을 닫게 된다.

나이를 말하면 최근 83세에 〈뜨거운 씽어즈〉에 출연한 탤런트 나문희가 "자신을 믿고 도전하라"라고 했던 말이 무색하지 않은가? 언제나 핑계를 대면서 자신을 과소평가하는 삶을 사는 사람들은 늘 도전이라는 단어가 다른 사람들에게나 해당하는 일처럼 여긴다. 부자가 된 사람들은 모두 자신이 부자가 되겠다는 마음을 먹고 선언하고 무엇보다 자신을 믿었던 사람들이다.

사람은 자신의 인생을 100% 책임진다. 자신이 부자가 되겠다고 마음 먹은 사람은 반드시 부자가 될 수밖에 없다. 켈리 최 회장은 1,000명의 부자를 스승으로 삼았다. 부자가 되겠다고 맘을 먹으면 방법을 생각하기 마련이다. 그리고 자신의 부를 이루기 위해 결심하고 결단한다. 자신의 인생을 책임지는 일 또한 오로지 자신밖에 할 수 없다. 자신이 꿈꾸고 원하는 인생을 책임지려면 지금 자신이 하고 싶은 일, 하지 않아야 할 일들을 구분해야 한다. 언제나 마음을 다잡고 자신이 원하는 부를 얻기 위해 부자의 길로 가야만 한다. 자신이 부자가 될 수밖에 없는 이유를 적고 자기 말에 늘 힘을 실어 부자의 언어를 사용해야 한다.

함께 일하는 K 씨는 자신과 늘 다짐한다. 심지어 누군가에게 자신의 포부를 밝히기도 한다. 그러나 일반 직장인들이 일하는 것만큼도 아닌 시간을 투자하면서 큰돈을 벌고 부자가 되기를 바란다. 지금 해야 할 일은 부자가 되기 전에 해야 할 일들을 몸에 익히고 부자가 되어가는 과정에 충실하게 임하는 것임에도, 일에 집중하기보다는 부자가 된 것처럼 들떠 있기만 하다. 성공을 위해 지금 작은 결심들, 예를 들면 담배를 끊고, 좋아하는 옷을 사는 일, 게임을 즐기는 일들을 끊으려고 결단해놓고도 지키지 못한다. 이렇게 계속 시간이 흐르면 결국 자신을 책임질 수 없게 된다. 헛된 시간을 보내고 마는 것이다.

김태광의 저서 『이미 이루어진 것처럼 살아라』에서 이렇게 말했다. "이미 성공의 비밀은 끌어당김, 즉 간절함에 있다. 그 간절함으로 우주에서 내가 필요로 하는 것을 끌어오는 것이다."

자기 삶을 100% 책임을 진다는 것은 절대적으로 부자가 될 수밖에 없다는 뜻이기도 하다. 부자가 된 사람들의 이야기를 귀담아듣고 부자가 된 사람들처럼 행동해야 한다. 이미 자신을 믿는 순간 부자의 길로 들어섰기 때문이다. 부자로서의 삶을 생생하게 상상하기 시작한다. 그리고 켈리 최 회장처럼 부자 스승에게 물어서 부자가 되는 길을 가게 된다. 자신이 부자가 되는 삶을 단 하나도 의심하지 않고 가는 것이다. 이 모든 일을 통해 자기 삶의 임무를 완수하는 사람이 부자가 될 수밖에 없다.

자신이 부자가 된 후에는 다른 이들에게 지혜를 가르쳐주고 다른 이들의 성공을 도우라. 세상의 많은 부자는 자신이 걸어온 길을 알려주는 책을 쓴다. 그리고 강연이나 SNS를 통해서 자신이 현재 누리고 있는 삶을 오픈한다. 어떻게 사는 것이 부자들의 삶인지를 이야기한다. 자신이 결심한 일을 이룬 사람들 대부분이 성공한 부자들이다. 자신은 어떻게 부자가 되기로 결심했는지 결심하고 한 일은 무엇인지를 알려준다.

　이렇게 부자가 되는 방법을 알려주기 시작하면서 누군가는 더 큰 돈을 벌기도 한다. 그리고 다른 이들의 성공을 돕는 명언이나 조언을 폭포수처럼 쏟아낸다. 자신의 부를 함께 나누고 싶은 이들을 찾는 일도 게을리 하지 않는다. 누군가에게 선한 영향력을 끼치려는 부자도 있다. 부자의 삶을 누리며 나눔을 통해 타인에게 행복한 마음을 전해주기도 한다.

　또 다른 누군가에게 당신도 부자가 될 수 있다는 메시지를 전하고 부자가 되어서도 자신이 하는 일에 최선을 다한다. 자신보다 더 많이 성공한 부자들이 탄생하도록 열심히 돕는다.

　나 역시도 그들의 삶을 보며 열심히 배우고 있다. 나이에 상관하지 않고, 부자가 되기로 결심하고 반드시 부자가 된다고 말하고, 상상하고, 멋지게 베푸는 삶을 그린다. 부자가 되는 길을 안내해주는 이들의 조언을 귀담아듣는다. 오랫동안 묻혀 있는 삶에서 누적된 부자들에 대한 잘못된 생각이 많았다. 하지만 그것이 내가 부자가 되는 길이 가로막히지 않도록 해야 한다. 지금 환경을 핑계 대다 보면 부자가 되는 길은 멀어질 수도 있다. 우리는 우리에게 다가올 부자가 되는 삶의 기회가 달아나지 않도록 부자가 되겠다는 결심을 서두르자. 지금까지 부자가 된 사람 중에는 자수성가형 부자가 훨씬 더 많다. 그렇다면 우리에게도 부자가 될 기회는 반드시 온다.

05

돈을 인생의
덫이 아닌
친구로 생각하라

부자들은 행복의 조건으로 돈은 많을수록 좋다고 한다. 돈을 많이 가지면 먼저 자신이 하고 싶은 것들을 할 수 있어서 좋다. 그리고 돈은 누군가를 기쁘게 행복하게 해줄 수 있어서 좋다. 요즘 사람들은 배우자를 만나고 선택하는 기준이 가장 먼저 경제력이다. 우리 세대에 가장 안정적인 배우자의 직업이 공무원, 선생님, 의사, 변호사 등 일명 "사" 돌림이었다. 하지만 지금은 많이 달라진 것 같다. 그런데 정작 결혼하는 당사자들은 선호하지 않는 직업일 수 있는데 아직도 이런 직업을 선호하는 사람들은 우리 나이대의 부모님들이다. 이런 면에서도 사회적으로 젊은 세대들과 점점 더 대화가 단절되는 요인이기도 하다. 세대 차이를 직감하면서도 잘 극복되지 않는 것은 아마도 20대 결혼 적령기에 내가 했던 생각을 하고 살았기 때문은 아닐까?

나는 24살에 결혼을 하게 되었다. 이른 결혼이라고 생각했지만, 빨리 독립하고 싶어서 결혼을 선택해야 했기에 깊이 고민하고 생각할 시간도 여유도 없었다. 좋아하는 마음만 있어도 결혼한다는 생각이 있었고 착하고 좋은 사람이었으니 결혼생활에 별문제가 없을 거라고 생각했다. 실제로 우리는 모두 부모님들도 형편이 넉넉하지 않으셨고 어차피 우리는 우리가 알아서 결혼해야만 하는 커플이었다. 그때만 해도 나는 돈은 서로 성실하게 살다 보면 벌 수 있을 거라는 생각을 했다. 실제로 아무것도 배우지 않고 결혼생활을 지혜롭게 잘 해낼 수 없었던 나이였음에도 나는 스스로 태연한 어른인 척했다. 오히려 내가 더 주도적으로 안심하게 하고 결혼생활을 시작했다. 결혼은 사랑하는 마음만 있으면 문제없을 것으로 생각했고, 돈은 열심히 살면 벌 수 있다고 생각했다. 좀 더 어른스럽게 여유롭게 자신들의 인생을 고민하고 선택할 수 있었더라면 더 좋았을 걸 하는 아쉬움이 남는 것은 어쩔 수 없다.

처음엔 결혼생활을 하면서 맞벌이를 하다 보니, 없는 살림살이가 불편하지만은 않았다. 결혼할 때 남편 앞으로 대출을 받아서 반지하 셋방을 얻고, 내가 벌어둔 돈으로 살림을 장만했다. 빠르게 결혼식을 올리고 함께 살면서 사소한 말다툼을 하기 시작했다. 그 와중에 큰아이를 낳고 집에 대한 욕심이 생겼다. 반지하 셋방을 벗어나기 위해 살던 곳에서 조금 떨어진 곳에 새로 지은 빌라 전세를 살기로 했다. 물론 대출을 더 받아서 말이다. 결국 조금 나아진 환경에서 사는 것처럼 보였으나, 나는 절대로 하던 일을 그만둘 수가 없었다. 그리고 남편도 절대로 직장을 벗어나서 수입이 끊기면 안 되는 빡빡한 살림살이를 살 수밖에 없었다.

전세금으로 집을 살 수 있다는 유혹도 생겨서 빌라 한 채를 덜컥 사고 우리는 더 열심히 일하고 먼 곳에서 출퇴근도 마다하지 않았다. 갈수록 욕심을 내고 살던 중에 나의 직업전환으로 위기를 맞게 되었다. 그 과정에 우리는 계획에 없었던 이혼을 할 수밖에 없었다. 어쩌면 나는 자꾸 쪼그라드는 살림살이의 책임이 나에게 있다는 자책을 하다가 내린 결정이라서 남편에게 두고두고 미안한 마음이 들었다.

이렇게 자세히 당시 상황을 나열하는 이유는, 어린 나이에 결혼에 대한 두려움마저 이겨낼 수 있을 것만 같은 사랑의 유효기간은 그리 길지 않았기 때문이다. 온통 우리 삶에는 현실을 잘 살기 위한 돈이 정말 많이 필요하다는 것을 알았다. '사랑 하나면 우리는 잘 이겨낼 수 있을 거야'

생각했던 마음과는 달리 현실은 너무나 달랐다. 그때를 떠올리면 우리는 돈 때문에 헤어진 것이 맞을 테니 돈을 좋아할 수가 없었다. 살아가면서 없어서는 안 되는 것, 필수 불가결한 것이었지만, 돈을 원수라고 말할 수밖에 없었다.

돈으로 인해 가장 밑바닥까지 내려가는 초고속 엘리베이터를 탈 수밖에 없었다. 그 시기에 나는 돈이 가장 간절하게 필요했지만, 돈을 사랑하지 못한 시절이었다. 자동차를 타고 가는 출퇴근 길에 주유하지 못해 자동차가 고속도로에 정지되고, 자동차 보험회사에서 긴급으로 넣어주던 연료로 겨우 목적지까지 갔던 기억도 여러 번이다. 그리고 지방에 출장을 다닐 때도 지갑에 돈이 없어서 고속도로 휴게소를 쉬지 못하고 달렸다. 함께 탄 사람을 배려하지 않았다. 돈이 없어서 휴게소에서 커피 한잔의 여유도 즐길 수 없었다. 빨리 쉬지 않고 가야 한다고 이유를 대고 다니던 횟수도 여러 차례였다. 그랬던 내게 돈은 무엇이었을까? 돈이 필요했지만, 돈을 좋아할 수 없었던 때였다.

부자가 된 사람들은 돈은 자기를 좋아하는 사람에게 들어온다고 얘기한다. 지금 생각해보면 그때 내가 점점 가난해질 수밖에 없었던 이유는 당연하다. 그런데도 그때 나는 돈을 벌겠다고 사방을 다니며 일을 열심히 하지 않았던가? 그때 최소한 죽지 않을 만큼의 돈을 벌어서 겨우 사는 수준일 수밖에 없지 않았던가? 내가 부자가 되려는 마음은 먹었다. 하지만 부자가 될 수 없었던 이유 중에 가장 큰 이유가 바로 돈, 돈에 대한 인식 때문이다. 돈 때문에 자기 삶을 힘들게 산다고 생각했기 때문이었다.

나는 돈을 인생의 덫으로 생각하고 살았다. 10년 가까운 시절 속에 열심히 살았지만 열심히 했던 일들을 통해 부자가 되기는커녕 먹고사는 문제만 겨우 해결되었다. 그때는 누군가를 원망해야만 하는 사나운 감정들만 남았다. 내가 절대로 성격이 유한 사람이 될 수 없게 만든 것은 오로지 돈 때문이라는 생각을 하고 살았다. 그런 내게 최소한 먹고 사는 문제만큼 해결해준 것만으로도 그저 감사했던 일이 아닌가? 사랑과 돈은 어떤 관계인가? 사랑으로만 잘 살 수 있다는 믿음마저 깨버린 돈은 나에게 무엇이었을까?

나는 하나님을 알게 되면서부터 돈에 대한 정의를 다시 하게 되었다. 돈을 싫어하지 않고 인생에 꼭 필요함을 더 간절히 원하고 친구로 삼았더라면 어땠을까? 아마도 긴 시간을 돌아서 나락으로 끌어내려지지 않고 나는 부자가 될 수 있었을까? 돈이 꼭 필요한 삶을 더 많이 원하고 동경했다면 더 빨리 부자가 되었을까? 그때 나는 먼 길을 돌아서 온 기분이 들었지만, 그때라도 돈에 관한 생각을 깨고 내가 철들게 되었던 것이 얼마나 감사한지 모른다. 그날 이후로 나는 돈 걱정에서 해방되고 빚들도 청산되고, 비교적 순탄한 삶을 살고 있다. 헤어져 있던 아이들과 함께 살게 되었고, '평생에 집 한 칸 마련하고 살 수 있을까?' 생각했었던 내가 꿈을 이루게 되었다. 그것도 정말 빠른 속도로 내 삶을 회복시켜주신 하나님께 너무나 감사한 일이다.

내가 하는 일이 사람들과의 관계를 잘할수록 더 커지는 일이다 보니 매번 순탄하게 연결되지 않을 때는 결과가 달라질 수도 있다. 하지만 나는 10년 내내 과거의 모습과는 비교도 안 되는 삶을 살고 있다. 나는 돈을 너무 사랑하게 되었다. 돈은 누군가에게 베풀고 싶은 마음도 들게 하고 힘든 사람을 돌아보게도 만든다. 다른 사람들보다 많은 돈을 벌고 많은 돈을 사용한다.

나는 정말 운이 좋은 사람이다. 하나님은 내가 원하는 것을 원하신다. 내가 간절히 원하고 바라는 것들을 하나둘씩 넘치게 채워주신다. 그리고 많은 이들과 함께 풍요롭고 건강한 파이프라인을 구축하며 살 수 있도록 도우신다. 예전처럼 돈으로 인한 자존감을 상실하지 않도록 하셨다. 더 많은 돈을 채워주시려고 많은 사람을 연결해주신다. 내가 지금 건강하고 성실하게 사업을 일구어나갈 수 있도록 돕는 하나님이 내게는 계신다. 이런 모든 것을 일깨워주신 하나님께 나는 매일 매일 감사하며 살고 있다. 욕심이 과해서 넘어지지 않게도 하신다. 내가 만나는 모든 이들에게 나는 이야기하고 싶다. 자신에게 닥쳐 있는 현실이 누구도 아닌 자신에게서 비롯된다는 것을 말이다.

요즘처럼 불황이 장기화되고 생활비가 치솟는 경제 상황에서 장래에 대한 불안이 가중되어 배우자의 경제력에 대한 기대가 더 커지는 현실을 나쁘게만 볼 수도 없다. 이미 배우자를 선택하는 기준이 사랑이 아닌 경제력이라고 말하는 젊은 세대들을 이해 못 할 일도 아니다. 그렇다고 돈에만 의존하고 사람을 판단하는 기준이 경제력에만 치우쳐서 사는 것도 그리 바람직하지는 않은 일이다. 모두 마음에 그리는 가정경제 수준에 못 미치는 삶을 살고 있다 하더라도 돈에 대한 막연한 갈망으로는 채워지지 않는다. 자신이 가진 욕구를 채울 수 없다 하더라도 돈이 인생의 덫이라고 생각하는 우를 범하는 것은 하지 않길 바란다.

돈으로 살 수 있는 것들은 많다. 돈으로 많은 것을 할 수 있다. 하지만 우리의 삶을 그렇게 편리하게 하고, 내 삶에서 꼭 있어야 할 돈에 대한 생각을 제대로 정의하는 것이 우선이 되어야 할 것 같다. 누구도 가난하게 사는 삶을 좋아하지 않을 것이다. 그렇다면 매 순간 자신이 원하는 삶을 꿈꾸며 즐거운 상상을 먼저 하라. 우리의 삶에 꼭 필요한 돈에 대한 사랑을 표현하라. 부자들이 돈을 어떻게 대하는지를 배우라. 이제는 가난한 마인드에서 벗어나 부자가 돈을 대하는 태도를 보며 언제든지 필요할 때 불러들이고 평생 자신의 곁을 떠나지 않도록 사랑하자. 이제는 돈이 인생에 덫이 아니라 삶에서 꼭 필요한 친구가 되어야만 한다.

06

힘든 현실보다
눈부신
미래를 보라

영화 〈더 울프 오브 월 스트리트〉에서 나오는 대사가 떠오른다. "이 세 상은 돈이 전부야. 맛있는 음식, 이쁜 여자, 비싼 차, 넓은 집 뭐든 가질 수 있게 해주거든. 내가 속물 같다고? 그렇게 생각한다면 맥도날드에서 평생 알바나 해." 이 얼마나 끔찍한 저주인가? 저마다 부자로 살고 싶지, 가난하게 살고 싶은 이들은 없을 것이다. 요즘은 대학을 졸업하고도 제대 로 취업하지 못해 알바를 하고 남는 시간에 또 다른 알바를 하기도 한다.

과거 20년 전부터 나는 20년 후의 생활상을 미리 들었다. 이미 선진국에서 벌어지고 있는 현실을 그대로 말해주는 한 젊은 강사의 말이 기억에 선명하다. 너무 오래된 일이라 강사의 이름과 얼굴은 잘 기억나지 않고 희미하지만, 나름 엘리트로 학교 교사였던 것 같다.

'우리나라도 앞으로 이렇게 될 것이다. 많은 사람을 대신할 수 있는 기계가 등장하고, 로봇이 대신 일을 해서 사라지는 직업들이 많을 것이다. 인기 있는 직업인 교사, 의사, 은행원, 공무원도 사라지는 직업 중의 하나이다. 산업화 시대에는 인력을 더 많이 필요로 하지만 앞으로는 자동화 기계가 사람을 대신하게 된다. 온라인이 발달하고 통신 문화가 발달하니 세계정보를 한눈에 볼 수 있는 시대가 된다. 저출산 시대가 와서 인구의 절벽 시대가 오지만 평균수명이 길어져서 고령화 시대가 온다. 이런 연유로 노인 문제가 심각해진다. 앞으로 직업을 투잡은 물론 쓰리잡 포잡까지 가져야 하는 시대가 온다. 앞으로는 뭐든지 빌려 쓰는 시대가 온다.'

이게 말이 된다고? 그때 나는 머리를 한대 얻어맞은 듯했다. 그때 현실을 보면 당치도 않은 이야기들이었기 때문이다. 한편으론 의구심이 들었지만 나는 그런 시대가 올 거라는 말이 머릿속에 받아들여졌다. 그래서 나는 그들이 권하는 책들을 보기 시작했다. 단순히 일과 관련된 협소한 분야의 책부터 시작해서 미래를 예측한 책들까지 흥미롭게 읽기 시작했다. 자기계발서도 닥치는 대로 읽었다.

그중 한 권의 책을 여러 번 읽었다. 제레미 리프킨의 저서 『소유의 종말』이다. 그중 가장 기억에 남는 것은 앞으로는 모든 것을 빌려 쓰게 된다는 것이었다. 돈을 빌려 쓰는 은행이 있는 것처럼 자동차를 빌려 타고, 집을 빌려서 살고, 그 안에 살림살이들까지 빌린다. 개인 렌탈 문화가 발달하여 정수기, 스타일러, 침대까지 편리하게 렌탈한다. 그러니 이사할 때는 몸만 나가고 무거운 살림들을 옮기지 않아도 된다. 이 내용이 현재 말하면 무엇이든 렌탈을 하는 시대가 온다는 예고였다. 지금 22년이 지나고 있는 시점에 미래에 다가올 예정된 삶의 형태가 고스란히 현실이 되었지 않은가! 집 한 칸을 소유해야만 편안하고 잘사는 사람이라 생각했다. 개인 소유의 집이 있어야만 부자라고 생각한다. 아직도 사람들은 많은 월세를 내고 좋은 집에 사는 것을 이해를 못하는 사람들도 있다.

은행 점원들에게 일 처리를 맡겼던 시대에는 은행원이 마냥 부러웠던 시대였다. 하지만 지금은 현금 인출기가 대신하는 일들이 많아져서 은행원들도 더 이상 부러운 직업이 아니다. 동사무소에 가야만 뗄 수 있었던 간단한 증명서들은 지금은 직접 방문하지 않고도 뗄 수 있는 인터넷이 있다. 교사는 누구라도 며느리 사윗감으로 데려가려는 직업 1순위였다. 하지만 저출산 시대를 맞이한 지금은 학교에 아이들이 없어서 교대를 나와도 최소 1~2년은 기다려야만 정교사로 출근할 수 있다. 의사는 또 어떤가? 열쇠 3개를 가지고 시집을 가야만 하는 직업이었다. 지금은 개인 병원을 운영하다가 고전을 면치 못하고 대형병원에 일하는 페이닥터들이 늘어나고 있다. 고령화 시대도 예측해주었듯이 지금 한국 사회는 더 많은 복지혜택과 최고의 의료 서비스를 받으며 살아갈 수 있는 사회다. 그러다 보니 평균수명도 늘어나서 노인복지 문제가 훨씬 시급한 시점이다. 지금 일반 병원보다는 노인 요양보호소, 주간보호소가 훨씬 더 많이 늘어나고 있다. 오히려 사회복지사가 직업순위에 오르고 있는 실정이다.

지금 우리의 생활은 어떤가? 생활편의를 위해 급격한 쇼핑 채널이 증가했고, 안방에서 돈을 지불하고 물건을 눈으로 보지도 않고도 구매하는 시대다. 요즘은 모바일 앱으로 주문하고 돈을 지불하면 안방까지 배달해주는 음식을 먹고 산다. 얼마나 편리한가! 나만 해도 그렇다. 주에 2~3회는 배달 음식을 먹게 된다. 집안에서는 음식을 해서 먹는 일도 드물다. 예전에는 가사를 돕는 분들을 구하기가 그리 어렵지 않았다. 그러나 요즘은 맘에 드는 가사 도우미를 찾는 일은 오히려 하늘의 별따기가 되었다. 심지어 그분들이 오히려 맘에 드는 집들을 골라서 다닌다. 급변하고 있는 더 많은 사례들이 있지만, 지금 시대를 사는 분들이라면 모두가 공감하는 일들이기 때문에 더 나열하지 않기로 한다. 이 정도만 나열해도 사람들은 모두 고개를 끄덕이며 공감하는 일일 것이다.

그때 20년 후에 있을 일들에 대해서 나랑 똑같은 장소에서 이야기를 들었던 사람 중에는 '무슨 그런 일이 일어날까? 지금 이렇게 평안한데, 과연 그럴까?' 의심하고 믿지 않는 사람들도 많았다. 그리고 자신이 하던 일에 열심을 내고 더 열심히 성실하게 살아가는 분들도 많았다. 하지만 나는 그때 들었던 모든 말들을 스펀지처럼 흡수하고 받아들이기 시작했다. 만약 내가 그때 들었던 말을 무시하고 새로운 눈으로 세상을 바라보지 않고 현실만 보고 살았다면 지금의 나는 있지 않았을 것이 분명하다. 또한 이야기를 듣고 공감했으나, 실행하지 않았다면 지금 현실을 맞이하는 데 어색했을 것이다. 막연히 시간이 흘러 부자가 되겠지 하는 생각으로 살았을 것이다. 이런 시대가 오는지 가는지 모르게 변하려는 노력보다는 시대에 끌려다니며 살았을 것이다. 생각만 해도 아찔하다.

나는 네트워크 사업 시작 초반에는 좋은 회사인지 나쁜 회사인지 모르고 선택했다. 그것을 구분할 수 있는 기준조차도 나에겐 정립되지 않았다. 그저 느끼는 대로 가르쳐주는 대로 배워가며 몸으로 익혀가며 시작했다. 그러던 어느 날 회사가 문을 닫게 되고 열심히 쌓아놓은 탑이 무너져 내리는 현실을 경험했다. 수없이 바닥을 치는 일들이 여러 번 반복하는 동안에도 단 한 번도 내 선택에 대한 후회를 해본 적은 없었다. 그때 다짐하고 장담하고 타인들에게 선언했던 시간보다는 더 오랜 시간이 걸려서 지금의 내가 있다. 아직도 서투르고 다 통달하지 않은 일이기도 하다.

하지만 그때 함께 하면서 수없이 울고 웃으며 나누던 타인들의 이야기 속에서 또 다른 삶을 경험했다. 내 삶뿐만 아니라 누군가의 삶을 바꿔놓는 일임을 확신했다. 혼자보다는 함께하는 일이어서 더욱 좋았다. 지금도 함께 하는 이들의 꿈을 실현할 수 있는 가장 빠르고 시대의 흐름에 딱 맞는 일임을 이야기한다. 내가 한 말을 지키기 위해서라도 나는 이 일이 되는 일이라는 것을 증명하면서 살아야겠다는 결심을 한다.

나의 갈 길을 정하고 최종 목적지의 청사진을 그리며 일을 하는 동안 잡다한 일들이 나를 괴롭혔다. 사람들과의 관계 속에서 얽힌 일들이 경제적으로 곤란하게도 했다. 하지만 언제나 지금 힘든 것은 그리 크게 보이지 않았다. 정확히 말하면 보지 않으려고 애를 썼다는 표현이 맞을 것 같다. 많은 사람이 항상 높은 곳을 보고 고지를 바라보며 그곳을 향해 간다. 하지만 가다가 힘들어지면 포기를 잘하는 사람들이 있다. 무슨 일을 하든지 지금 하는 일을 통해서 더 성장해 있을 자신을 모습은 끝에서 시작하면 무조건 원하는 것을 얻는다고 믿어라.

다만 지금 가는 길에 고난의 장애물들이 나타나도 끝에서 시작하면 금세 행복해진다는 것을 스스로 경험하기 바란다. 자기 분야에서 성공한 사람들을 보라. 그냥 운이 좋아서 성공한 것이 아니다. 지금의 자리에 있기까지 힘든 현실보다는 눈부신 자신의 미래를 보았을 것이다. 정말 부자가 되고 싶다면 지금 보이는 그들의 많은 재산과 사회적인 지위만을 보지 않기를 바란다. 그들이 힘들 때는 어떻게 이기고 또 어떻게 극복했는지 물어보라. 그들의 이야기를 들으면 부자들을 질투하기보다는 진정으로 존경하는 마음이 들 것이다. 먼저 부자의 길을 가고 있는 이들에게 귀를 쫑긋 세우고 들어보라. 그리고 그들의 조언을 받아들여라. 그래야만 자신에게도 놀라운 부자의 운이 들어온다.

07

인맥을
쌓는 시간에
실력을 쌓아라

세상에는 두 부류의 사람이 있다. 살면서 힘들고 외로워도 인맥을 쌓는데 시간을 쓰지 않고 자기 실력을 쌓기 위해 노력하는 사람이 있는 반면, 자기 실력을 쌓는데 시간을 쓰지 않고 인맥을 쌓는 데만 시간을 쓰는 사람이 있다. 나도 '왜 내 주변에 부자가 없을까?', '내 주변에는 왜 좋은 인맥이 없을까?' 생각한 적이 있다. 나는 학연·지연할 것 없이 다 끌어내 봐도 좋은 인맥이 있을 수 없는 사람이다. 그런데도 나는 억지로 인맥을 쌓는 모임이나 단체에는 관심이 없다. 누군가 나에게 지역의 여성 단체 모임 가입을 권유했지만, 나는 정중히 거절했다. 내가 좋아하는 분이었지만, 굳이 단체 모임에 가서까지 만나고 싶지는 않았다.

우리 사회에서는 성공하려면 돈과 함께 인맥을 쌓으라고 한다. 대한민국에서는 혼자 성공하기가 쉽지 않다고 말한다. 그래서인지 나름 인맥을 자랑하는 사람들의 특징을 보면 일주일에 두세 번씩 모임에 참석하느라 매우 바쁘다. 물론 스펙과 인맥이 있으면 많은 도움을 받을 수도 있을 것이다. 집안의 인맥이 없으면 일정 부분 이상의 성과를 내지 못하던 때도 있었다.

하지만 지금은 많이 달라졌다. 실력이 없으면 어떤 스펙과 인맥이 있어도 좋은 결과를 장담할 수 없다. 반면 실력이 있고 그 실력을 발휘해줄 수 있는 무수한 작은 유대, 네트워크가 있으면 크게 성공할 수 있다.

'인맥 쌓으려고 애쓰지 말고 그 시간에 실력을 쌓으라'고 말하는 유명인이 떠오른다. 자산 1조 원의 가치를 가지고 있는 JYP 엔터테인먼트사 대표 박진영이다.

"사람을 찾느라고 시간을 쓰지 않기를 바란다. 결국 사람들은 다 이기적이기 때문에 서로에게 도움이 될 때 도와준다. 인맥을 짧게 보면 도움이 되지만, 길게 보면 결코 도움이 되지 않는다. 인맥을 쌓으려고 하기 싫은 술자리 억지로 하지 말라. 별로 좋아하지 않는 사람끼리 만나서 시간 보내지 마라. 차라리 그 시간에 실력과 몸을 관리하는데 시간을 우선적으로 시간을 써라. 길게 보면 관계의 유통기한이 끝나는 시기, 서로 도움을 받는 시기는 언젠가 끝나게 된다. 자신의 실력을 쌓으면 사람들이 내 실력을 알아보고 나를 찾아온다. 내가 뭘 잘하면 분명히 나를 쓰게 된다. 그러니 자기 실력을 믿고 성실하게 노력하라. 굳이 인맥을 쌓지 말라."

일단 자기 자신을 먼저 믿고, 하는 일에 최선을 다해 자기 분야에 실력을 쌓아가다 보면 좋은 결과를 낳고 그 결과로 인해 결국 나를 알아봐주는 사람이 생긴다는 뜻으로 해석된다. 이 말을 듣고 박진영 씨가 더 대단하고 위대해 보인다. 언제나 무대 위에서 혼신의 힘을 다하고 무엇보다 자신의 일을 즐기는 실력가이기에 그의 말 한마디 한마디는 많은 이들에게 훨씬 더 큰 영향을 준다.

인맥은 성공의 원인이 아니라 결과로 낳는 것이다. 성공한 사람들 주변에 성공한 사람이 모인다. 꿀이 많은 꽃에 꿀벌이 모인다. 예를 들어 직장 생활을 하는 사람들은 줄을 잘 서야 한다고 말한다. 줄을 잘 서서 인사고과에 영향을 주는 사람들과 잘 지내려고 노력하고, 그로 인해 승진했다고 치자. 결국 시간이 지나면 오래 가지 못한다. 어쩌다 운이 좋아서 처음엔 자리를 차지했다고 하더라도 그 사람들은 끝까지 내 인생을 책임져주지도 않는다. 결국 그 자리를 지킬 수 있는 것은 오로지 자신의 실력이다.

네트워크 사업을 하면서 많은 사람을 만나게 된다. 누구나 처음에는 낯설어한다. 어색한 일이고 해보지 않은 일이라서 두려워한다. 그러나 쉽고 재밌는 일이라는 것을 알게 되고 이 사업을 하게 되면 처음에는 배우면서 익혀가게 된다. 그후 일정한 시간이 지나면 스스로 잘할 수 있다. 그리고 자신이 배우고 알게 된 일들을 또 다른 사람들과 공유하면서 서로의 소득을 증가시킨다. 자신의 목표를 세우고 팀들과 자신이 원하는 만큼 성실히 일하면 수입 또한 만만치 않게 얻을 수 있는 직업이기 때문에 나는 위대한 사업이라고 말한다. 서로의 니즈에 의해서 일하는 철저한 개인 비즈니스이기도 하다.

자신의 주변에 사람이 많다고 자랑을 하는 사람들이 있다. 이런 분들은 일을 배우고 알기도 전에 먼저 사람부터 모은다. 이런 인맥 자랑을 듣다 보면 참 대단한 사람이라고 믿었다. 나 역시도 예외는 아니었다. 하지만 어느 때부터인가 그런 분들의 말을 믿지 않게 되었다. 모은 사람의 주변 사람들까지 식사를 대접하고 커피값을 대신 치르다가 힘만 빼는 사업자들도 있다. 실력 없이 사람만 모으는 꼴이 된다. 그래서 함께하는 사업자들에게 인맥 많다는 사람들 쫓아다니지 말라고 말을 하지만 당장 눈앞에 있는 화려한 인맥 자랑에는 귀가 달히는가 보다. 우리 사업의 본질을 잊은 채 인맥에 기대고 또 기다리며 진을 뺏기고 만다. 결국 사업을 포기하고 다른 일을 찾아다니는 사람들도 있다. 그리고 다니던 회사에서 만났던 사람들을 또 다른 회사로 옮겨서 또 불러 댄다. 아마도 그곳에서도 인맥을 자랑하고 있을 것이다.

한 회사에서 어느 정도 직급을 달성하고 돈을 어느 정도 벌기 시작하면 동종업계로 이직하는 사람도 있다. 이직을 하는 사람들 모두 다 이런 이유를 댄다. '회사가 안 좋다. 스폰서가 맘에 안 든다. 같이 일하는 사람에게 실망이 크다. 제품이 안 좋다.' 등등 이유가 될 수 있는 것은 다 가져다 붙인다. 그런데 정작 자신은 아무 잘못이 없다. 그렇게 많은 사람을 보내면서 나름의 생각을 정리해보았다. 사람들은 모두 서로 이용 가치가 있을 때만 만난다. 그리고 이용 가치가 없어지면 또 다른 이용 가치의 대상을 찾는다. 이런 대상들을 인맥이라고 착각하면서 끊임없이 서로를 이용한다. 이렇게 많은 사람은 서로 이득이 있을 때만 찾는 인맥을 쌓기 위해 자신의 시간과 돈을 낭비한다.

그동안 꽤 많은 사람을 만나면서 네트워크마케팅에 관한 책 한 권 정도는 써서 전해주고 싶었다. 마음만 있었고 실제로 책으로 쓸 수 있는 내용을 정리하기에는 소재도 적고 부족한 필력으로 제대로 다 표현하지 못할 거라는 생각에 망설이고 있던 차에, 평소에 가장 열심히 일하면서 고소득을 받고 있는 팀 사업가이자 동료인 L이 나에게 책 쓰기 소재가 무한하다며 책을 쓰기를 권하였다. 마침 자신의 멘토인 〈한국책쓰기강사양성협회(이하 한책협)〉의 김태광 대표님을 소개해주었다.

김태광 대표님은 25년 동안 300권의 책을 집필하였고, 12년 동안 1,200명이 넘는 평범한 사람들이 자신의 스토리를 책으로 쓰고 행복을 찾아가는 과정을 서포트하는 책 쓰기 코치였다. 김태광 대표님을 만나 섬세하고 진정어린 조언으로 인해 나도 용기를 내어 책을 쓰기로 결심했다. 내 인생의 제2의 전성기를 맞이한 것 같아서 나는 매일 즐거운 삶을 살고 있다. 내가 겪은 행복이기에 누군가 부자가 되고 싶다고 하면 책 쓰기와 함께 〈한책협〉을 꼭 소개해주고 싶다.

김태광 대표님의 책과 강의를 놓치지 않고 듣는데 유튜브 내용 중에 이런 내용이 있다.

"절대 인맥을 쌓느라 시간 낭비하지 마라. 인맥은 성공의 원인이 아니다. 인맥은 성공의 결과이다. 인맥 쌓을 시간에 자기 실력을 쌓아라. 자기 실력을 쌓으면 인맥은 저절로 쌓인다. 부와 행운을 끌어당김의 법칙으로 끌어당기듯이 인맥도 끌어당김의 법칙으로 끌어당긴다. 내 실력을 쌓아라. 많은 사람이 혼자 있는 시간을 즐기지 못한다. 혼자가 되는 시간의 즐거움을 알라. 시간을 낭비하지 말고 그럴 시간에 '나테크'를 하라. 자기계발에 투자해서 내 몸값이 올라가면 경제적인 부분부터 모든 것이 해결된다. 내가 필요한 사람들이 저절로 찾아오게 되어있다. 실력이 없다면 인맥을 만들려고 하지 마라. 실력이 쌓이면 꽃향기처럼 퍼져나간다. 벌과 나비 같은 사람들이 나를 필요로 한다. 성공에는 씨 뿌리고 잡초 제거하고 비료 주는 과정이 필요하다. 실천하면 변할 것이다.

또 내가 안다고 해서 내 인맥이라고 착각하지 마라. 내가 이용을 하기 위한 인맥을 쌓지 마라. 부자들은 나에게 해가 되지 않을지 알아본다. 인맥에서 가장 중요한 것은 시간이다. 관계는 give & take다. 관계에는 유통기한이 있다. 내가 찾아가는 인맥은 가벼운 인간관계이다. 인맥은 성공하면 저절로 생긴다. 생각하고 인맥을 쌓았는데 힘들 때 아무도 나를 찾지 않는다. 혼자 있는 시간을 못 버티는 사람이 있다. '나테크'에 신경 써라. 그러면 고민하는 것들이 해결된다. 내가 성장하게 되고 인맥이 찾아오게 된다. 다 비슷한 처지이다. 사람들이 무슨 목적으로 다가오는지도 다 보인다. 실력을 쌓으면 누구에게나 도움을 줄 수 있는 사람이 된다. 실력은 인정받는다. 누구나 주머니 속 송곳 같은 존재가 된다."

정말 단 한 글자도 놓치고 싶지 않은 주옥같은 이야기이다.

다양한 사람들을 만나면서 실망에 실망을 거듭하고도 또 만날 수밖에 없는 직업을 가진 나는 네트워크 사업에서 인맥을 쌓지는 않는다. 다만 그들의 꿈을 응원하고 공감하며 함께 일한다. 어떤 이들은 돈을 많이 버는 데도 항상 뭔가 다른 일들을 찾기 위해 발길을 돌린다.

이런 유형의 사람 중 하나는 돈을 많이 벌면 자신의 실력인지 운인지 착각하게 된다. 그러다 보니 자신이 여기서 이룬 것처럼 더 잘할 수 있을 거라는 착각을 하며 다른 회사로 이직을 하게 된다. 자신의 자리를 스스로 지킬 실력이 없기 때문이라는 것을 자신들이 모르는 부류인 것 같다. 여기서도 실력이 있었다면 지켜낼 수 있었을 것이라는 생각을 그때는 꿈에도 하지 못한다. 모든 것을 남의 탓으로 돌리고 자신의 실수를 인정하지 않은 이유라고 생각된다. 이런저런 씁쓸한 이야기를 나열하는 나조차 부끄럽기는 마찬가지이다. 그러나 나는 더 많은 실력을 쌓고 더 부족한 자신을 먼저 인정하는 사람이 되기로 결심한다. 그리고 내게 주어진 시간에 더 많은 실력을 쌓아 사람들이 나를 찾도록 향기를 품어내는 실력자가 되고자 한다.

08

말과 생각을 바꾸면
저절로 돈과 운이
찾아온다

성공한 사람들과 부자들의 이야기가 담긴 책들을 보면 공통점이 있다. 바로 긍정적인 말로 운을 부른다는 것이다. 우리가 무심코 하는 말 속에 답이 있다고 생각하지 못하고 살았다. 아차 싶어서 바꾸려고 해도 꽤 오랜 시간이 걸릴 때가 있었다.

먹고사는 일에 급급하다 보니 내 입에서 나오는 말은 언제나 거칠고 부정적이었다. 이미 몸에 배어버린 말이나 습관이 좀처럼 바뀌지 않는 다는 것쯤은 누구나 다 아는 사실일 것이다. 오죽하면 '사람 쉽게 안 변한 다'라는 말이 있을까?

나는 수도권에서 살다가 혼자 지방으로 내려와서 살게 되었다. 국내에서 16년이나 유통된 P라는 브랜드로 일을 시작하면서 이사하게 되었다. 친구를 통해 만나 G 사장을 만나면서부터 나는 고향으로 내려와서 살겠다고 결정했다. 아직 지역에 제대로 알려지지 않은 브랜드였다. 지방에서 일하는 사람이 아직은 없을 시기라서 일할 공간이 없었다. G 사장을 만나서 사무실과 집기들을 요청하고, 오피스텔을 계약했다. 나는 따로 집을 얻지 않고 사무실 복층이 딸린 곳에 살면서 일을 시작하기로 했다. 그때만 해도 수도권을 주 1~2회는 다녀야 할 상황이었기 때문에 집과 사무실을 따로 분리하지 않은 것이다.

아직은 일을 시작하는 단계라서 배워야 할 일들도 많았다. 내가 약속한 것들을 지키기 위해서 쉼없이 일할 수밖에 없었다. 지방에서는 내가 직접 아는 인맥을 찾아다니지 않았다. L 백화점의 C 매니저가 광주에 있는 세 개의 백화점을 통틀어 최고의 매출을 올린다는 소문을 들었다. 나는 일면식도 없는 L 백화점의 C 매니저를 만나기 위해 용기를 내어 찾아갔다.

인맥이 아닌 새로운 사람을 찾는 데는 용기가 필요했다. 전혀 알지 못하는 사람을 상대로 일을 시작해야 하는 나로서는 새로운 사람을 만나야만 하는 숙제가 있었다. 나는 매일 오피스텔에 앉아 있지 않고 백화점 매장을 찾아가서 작은 화장품 샘플들을 전달했다. 그리고 거기서 친해진 사람들을 오피스텔로 초대했다. 그렇게 시작해서 11개월 만에 50명의 사원이 모였다. 나는 지사장으로 승진했고, 2년이 될 때까지는 사람들에게 시간과 돈을 충분히 투하자면서 결과를 냈다. 하지만 일을 할수록 점점 더 돈이 벌리고 생활이 안정되어야 함에도, 시간이 갈수록 더 힘들어지고 빚만 늘어갔다. 겉으로는 일이 잘되는 것 같은데도 내 주머니는 비어갔다. 사람 관계로 인한 구설수도 끊이지 않았다. 그때는 그런 이유가 내가 더 잘되지 못한 이유라고 생각했다. 문제는 내게 있다고 인식하지 않고 남을 탓하고 원망하기만 했다.

매출이 점점 하락하면서 힘든 시기는 계속되었다. 사람들의 눈을 의식하며 지사장 자리를 내려놓지 못하고 있던 시기였다. 결정이 필요했다. 이대로 계속할 것인지 그만두고 다른 일을 해야 할지를 고민할 수밖에 없었다. 잘되는 것처럼 보였지만 나는 훨씬 더 어려워지고 있었기 때문이다. 3년이 지나면서 의욕은 점점 떨어져가고 있었다. 분명 힘이 드는데 힘들지 않은 척하며 사는 것은 아니라는 생각을 하고 있었다.

지사장이라는 자리를 내려놓지 못하고 남의 눈을 의식하면서 체면을 자존심으로 여기던 나는 결심했다. 남들이 내 인생을 살아주지 않는다는 것을 깨달았기 때문이다.

2009년 12월 31일 사무실을 완전히 정리하고 나는 영혼 없는 시체처럼 살았다. 다시 무엇인가를 시작하기도 두려워지는 40대가 되었고, 나는 아무런 의욕 없이 살고 있었다. 누구보다 많았던 열정도 시들어갔다. 사실은 누군가에게서 '망했다더라'라는 말을 듣는다고 생각하면 잠이 오지 않았다. 스스로 무너져내린 자존심을 지키지 못해 몹시 창피했다. 특히 아이들에게 약속을 지키지 못한 자신이 너무 한심했다.

누군가는 나를 돕고 힘을 주었지만, 나는 매번 그것마저도 부담스럽고 힘들었다. 영혼 없이 사람을 대하게 되고 한순간의 꿈마저도 꿀 수 없는 무기력한 인간이 되어가고 있었다.

그때 우연히 친구를 통해 만났던 한 교회의 전도사님을 통해 성경 공부를 하기 시작했다. 사람이 무서워진 나는 사람보다 하나님께 더 많이 의지하는 시간을 갖기 시작했다. 강퍅하고 사나운 성품이 절대로 달라지지 않을 것 같았는데 나는 조금씩 달라져가고 있었다. 이런 말씀이라면 교회에 나가서 힘을 얻는 것도 좋겠다고 생각했다. 목사님은 유난히 젊고 잘생기신 분이었다. 그분의 설교 말씀은 나에게 자극제가 되기 시작했다.

그중 나를 충격에 빠트린 설교가 있었다.

나는 그동안 살면서 이런 말을 자주 했다.

'힘들어 죽겠네', '더워 죽겠네', '살기 싫어 죽겠네', '아파 죽겠네', '배고
파 죽겠네…'

죽을 일이 왜 이리도 많은지 모르겠지만 목사님과 교회 분들은 이런
습관이 전혀 없었다.

대신 '힘들어 살겠네', '아파서 살겠네', '배가 고파 살겠네', '화가 나서
살겠네', '더워서 살겠네', '추워서 살겠네', '이뻐서 살겠네', '좋아서 살겠
네.' 하라고 하셨다. 죽는다는 부정의 습관이 잘못된 줄 모르고 살았던 내
게 목사님의 설교는 신선한 충격이었다. 모든 표현에 '죽겠네'가 아닌 '살
겠네'로 고쳐서 말하라는 말씀이었다.

나는 그때부터 목사님의 말씀대로 무조건 바꾸고 따라 했다. 사회생활
을 하면서 단 한 번도 누구에게 배워본 적 없는, 긍정의 언어를 제대로
배워가기 시작한 출발점이었다. 물론 그렇게 완전하게 말을 바꾸는 데는
꽤 많은 시간이 걸렸다. 습관이라는 게 정말 무섭다는 것을 알게 되는 긴
시간이기도 했다.

고집과 아집으로 똘똘 뭉쳐 살던 나의 30대를 완전히 청산하고 모든
일을 할 때는 항상 혼자 판단하지 않았다. 항상 먼저 묻고 지혜를 구하는
기도를 하기 시작했다. 이제는 내가 하고 싶은 것을 하는 것이 아니었다.
내 판단을 믿는 것이 아니었다. 오직 하나님 말씀의 도움으로 살기 시작

했다. 물 흐르듯 다가오는 고통과 고민의 시간을 수용하기로 했다. 항상 답답하리만큼 고집불통이었던 내 삶에 그때부터 많은 변화가 일어나기 시작했다.

　모든 말들을 긍정의 말로 바꾸다 보니 무슨 일이 벌어지면 남 탓을 하는 버릇도 조금씩 줄어들었다. 사실 지금 하는 일도 그때부터 하고 있는 일이다. 내가 헤매지 않고 내 생각을 내려놓고 가장 낮은 곳에서 살고 있을 때 만나게 된 일이다. 내가 살고 싶었던 삶으로 하나님이 인도해주시는 대로 살았다. 하나님은 좋은 인연들을 만나게 해주시면서, 함께 할 일을 주시고 나를 성장하게 하셨다.

　우연한 기회에 별 기대하지 않고 시작한 일이었다. 그러나 4개월 만에 1억 원의 소득을 벌기 시작하면서 내 삶은 급속도로 달라졌다. 부정적인 단어를 긍정의 단어로 바꾸는 것으로 시작된 삶은 기적이었다. 모든 것이 내 힘으로 이루어진 것이 아니라 하나님의 도우심이었음을 나는 알게되었다.

　지금도 사람들과 이야기하다 누군가 미움의 대상을 두고 "보기 싫어 죽겠네." 하면 '살겠네'로 교정해준다. 나는 말투, 단어 하나에 내 삶이 놀랍게 바뀐다는 것을 체험한 사람이다. 하지만 지금까지도 나는 불같이 일어나는 화를 한 박자 쉬고 말하는 방법은 잘 알지 못한다. 내가 더 큰 부자가 되기 위해서는 반드시 바꾸고 고쳐야 한다는 것을 알면서도 아직도 완벽하게 습관을 들지는 못했다.

그런데도 나는 끊임없이 고쳐보려고 노력한다. 잘되지 않을 때는 한심함에 스스로 기운을 잃을 때도 있다. 그렇지만 점점 더 수렁에서 빠져나오는 시간이 단축되고 있다. '너는 점점 더 모든 면에서 나아지고 있어', '너니까 할 수 있어', '너는 참 대단해', '나에게 좋은 운이 계속해서 오고 있어', '내가 원하는 것은 뭐든 다 이뤘어.', '감사합니다.' 그렇게 감사하고 확신하며 긍정의 주파수에 맞춘다.

가장 최근에는 다시 일깨우는 말들을 나의 멘토에게서 듣고 또 바꾸고 변하기 위해 노력하는 중이다. 함께 일하는 L 사업자는 항상 흥분해서 말하는 나를 차분히 가라앉혀주는 마력을 지녔다. 나도 저렇게 하고 싶다는 생각이 들게 한다. 어떻게 저렇게 말을 잘할 수 있을까? 말은 그만큼 중요하다. 말과 생각을 바꿔서 자신에게 운을 불러들일 수 있다면 바꿔볼 생각이 있는가?

그렇다면 우리가 매일 흔하게 쓰는 단어들부터 긍정적인 단어들로 바꾸면 어떨까? 50년을 살면서 잘 바뀌지 않는 내 성격과 고집스럽게 자리 잡은 생각들 때문에 힘들 때가 많았다. 말을 하고 나면 언제나 돌아서서 후회할 때가 너무나 많다. 자신을 돌아볼 때마다 지금 당장이라도 바꾸고 싶다는 생각이 들면 바로 바꾸겠다고 마음먹자. 그리고 긍정의 단어를 연습하자.

그러려면 먼저 용기를 내라. 늦었다는 생각을 버리자. 판단하는 능력이 부족하다면 지혜를 먼저 구하라. 해보려고 마음먹었다면 행동하고 실천하라. 마지막에 자신에게 들어올 운을 불러들이는 말을 습관화하자. 그리고 이 일을 포기하지 말고 꾸준히 반복하자. 부자들이 잘 쓰는 언어들을 따라 하자. 지금 부자가 된 것처럼 행동하라. 자신이 생각하는 부자가 말하는 것처럼 말하라. 말투 하나 바꿔서 부자가 된 많은 사람이 있지 않은가?

돈을 좇지 말고
돈을 부르는
능력을 키워라

01

스스로
운을 좋게
만드는 법

대부분의 사람은 운 좋은 사람이 따로 있다고 생각하는 것 같다. 하지만 내 생각은 좀 다르다. 운은 모두가 각자 원하는 만큼 불러들일 수 있다는 생각을 나는 어느 때부터 하기 시작했다. 나도 어릴 때는 부잣집에서 태어나지 못한 것을 원망했다. 심지어 엄마에게 '이럴 거면 나를 왜 낳았어'라고 말하며 가슴에 대못을 박았다. 생각해보면 나는 바꿀 수 없는 것을 바꿔달라고 떼를 쓰는 철부지였다. 고등학교에 다닐 때도 여전히 나는 철이 없었다. 아마도 나는 엄마에게 상처를 주려고 태어난 것 같았다. 누구도 할 수 없는 어찌할 수 없는 것들을 원망하며 한창 재미있어야 할 학창시절을 스스로 망쳐버린 결과를 만들었다. 누가 내 부모님이 될지 형제자매가 될지 내가 우리 부모님의 딸이 될지 아무도 모르는 일이었다. 부모님을 골라서 태어날 수 없는 것 빼고는 어른이 되고 결혼을 하고 아이를 낳고 살면서 한 가지씩 깨달았다. 바꿀 수 없는 것에 집착하는 어리석은 나를, 결국 모든 것은 나로부터 시작된다는 것을…

잘살고 싶고, 행복한 삶을 살고 싶어 하는 것은 누구나 당연한 일이다. 나 역시도 언제나 그런 생각들을 하면서 살았다. 살면서 나는 지지리 운이 없다고 생각했었다. 사회적으로 성공한 부자들을 보면서 마냥 부럽기만 했다. 하지만 성공한 사람들이 자신의 이야기를 글로 적어놓은 것을 보면 대부분 처음부터 운이 좋았다는 사람들이 드물었다. 자신이 하고 있는 일에 우선 최선을 다하면서 꾸준함으로 이루어냈다는 말을 많이 한다.

하나님 말씀을 들으면서 나의 작은 행동을 바꾸기 시작한 때가 있다. 매일 감사한 일 5가지를 잠자리에 들기 전에 쓰기 시작했다. 처음에는 감사할 일이 없어서 억지로 썼다. 3가지도 쓰지 못했다. 하지만 점점 시간이 지나면서 매일 5가지는 쉽게 써내려갈 수 있게 되었다.

오늘도 눈을 뜨게 해주셔서 감사, 오늘 일정을 잘 맞춘 것에도 감사,

오늘 사람들하고 원만한 관계를 가진 것도 감사, 오늘 안전운행 한 것도 감사, 감사할 것이 많아서 감사한 것을 쓰다가 혼자서 펑펑 울기도 했다. 모든 것이 감사하지 않은 것이 없었다. 그러다 보니 삶이 더 즐거웠고, 표정도 달라졌다. 무엇보다 세상을 바라보는 마음의 눈도 달라져갔다. 그때부터 세상 가장 행복한 사람이 되어갔다. 내가 행복하니 돈도 행복한 내게로 들어오기 시작했다. 작은 그것까지도 감사하니 내 운은 달라지기 시작했다.

그 시기에 나는 프랜차이즈 사업을 하시는 K 대표님을 만나서 친절하고 여유로움을 배웠다. 사무실 계약 건으로 두어 번 만났는데 지역에서는 프랜차이즈 사업으로 꽤 오랫동안 자리를 굳힌 성공한 대표님이었다. 사실 첫 만남은 다소 불쾌했다. 부동산에서 사무실 계약을 중복으로 하는 바람에 상대편으로 만날 수밖에 없는 인연이었기 때문이다. K 대표님은 계약금을 두 배로 지불해줄 테니 사무실 계약을 양보해달라는 것이었다. 나는 다소 흥분한 말투로 퉁명스럽게 이야기를 꺼냈다. 하지만 단 1분도 채 되지 않아서 상황은 바뀌었다. 미리 말해보자면 나는 태어나서 처음으로 세상에서 가장 친절한 사람을 만났던 것 같다. K 대표님은 다소 급하고 퉁명스러운 말투로 대하는 나마저 바꿔놓는 마력이 있었다. 처음부터 단 한 번도 목소리 톤을 높이지 않았고, 끝까지 차분하게 진심

어린 마음을 다해 양보해주기를 부탁했다. 결국 나는 처음에 계약했던 사무실보다 더 훌륭한 조건의 사무실을 계약했다. 대신 K 대표님이 사용하시던 프랜차이즈 사무실을 한번 보시겠냐고 하셨다. 별 기대는 하지 않고 나서게 되었는데 뜻밖에 너무나 훌륭한 사무실이었다. 바로 계약을 진행했다.

계약금을 두 배로 보상받은 데다가 인테리어를 하지 않고 청소만 잘해도 바로 들어갈 수 있는 멋진 사무실이 생긴 것이다. 너무 좋아서 비명을 질렀다. 더 좋은 건 친절함과 여유로움을 언어로 표현하시는 K 대표님을 좋은 인맥으로 만날 수 있었다는 점이다. 너무 운이 좋았다는 생각에 감사 탄성이 절로 나왔다. 그즈음 나의 입가는 늘 올라가 있었다.

이사를 하고 난 후에도 K 대표님을 만나게 되었다. 나에게는 물론이고 건물 관리하시는 분들에게 베푸는 작은 친절을 보면서 정말 대단하다는 말밖에 할 수 없었다. 나는 너무 훌륭한 인품에 감탄했다. 많은 것을 배우게 되었다. K 대표님이 크게 성공한 원인을 알 것 같았다. 나는 그분에게 친절함으로 상대를 감동시키는 방법을 배웠다.
친절하면 원하는 것을 쉽게 얻을 수 있고 어떤 누구도 내편으로 만들기 너무나 쉽다는 것을 알았다. 몸에 밴 친절함이 K 대표님의 운을 불러

모으는 키워드였다는 생각을 했다. 자신의 좋은 기운이 타인에게도 좋은 영향을 미치게 하는 K 대표님은 두고두고 잊히지 않는다. 그리고 나는 멋진 사무실에서 많은 사람과 함께 정말 많은 돈을 벌었다. 누군가 베푸는 작은 친절은 여러 사람을 기쁘게 했고, 나의 부를 축적하게 하는 좋은 기운을 주었다.

나는 또 한 친구의 말에 격한 공감을 하게 되었다. 중학교 동창생인 친구 P는 누구도 따라 할 수 없는 성품을 가지고 있다. 한 사람을 일일이 챙기는 일이 쉽지 않은 일임에도 지인들의 생일이며 기념일들을 정말 놓치지 않고 챙긴다. 게다가 남들보다 안목이 탁월해서 작은 편지 하나의 문구에도 엄청 감동적인 표현을 담아 선물한다. 친구 P에게 선물을 받고 나면 여운이 오래 간다. 그만큼 P는 누군가를 크게 감동시키는 매력이 충분하다.

어느 날 친구 P가 내게 말했다. '모든 사람이 집안의 애사를 찾아와주는 친구가 진짜 친구라고 말한다. 하지만 내 생각은 달라. 누구든 정말 기쁠 때 함께 기뻐해주는 친구가 진짜 친구라고 생각해.' 친구와 이야기를 나누며 정말 많은 공감을 했다. 타인의 기쁜 일에 진심으로 기뻐해주는 것은 쉽지 않다고 생각했다. 대부분의 다른 사람이 잘 되는 것을 좋아하지 않는다고 생각했다. 오죽하면 '사촌이 논을 사면 배가 아프다'라는 속담이 있을까? 진심으로 질투하지 않고 함께 기뻐해주기가 쉽지 않다는 이야기이다. 누군가에게 진심 어린 축하를 해주고 같이 기뻐해주는 일, 타인의 복을 빌어주는 일은 자신의 운을 불러들이는 또 하나의 키워드라는 생각을 했다.

지금도 내게 크고 작은 기쁜 일들이 생길 때마다 내가 운이 좋은 사람이라고 감탄할 때가 많다. 주차장에 주차하기 힘들다는 곳에 가서도 때마침 누군가의 차가 빠져나가서 내가 운 좋게 주차를 할 수 있게 된 일, 쇼핑채널에서 필요한 물품을 주문했는데 동일한 상품이 없어서 다른 제품을 골랐더니 죄송하다며 한 개를 더 준다고 하는 일, 과일을 사려고 가게를 갔을 때 내 인상이 좋다고 기분 좋게 덤을 받아 오는 일, 커피숍에서 빵을 주문하지 않았는데 오늘 빵 시식 행사하는 날이라고 운 좋게 빵을 공짜로 받는 일, 이렇게 소소한 일들로 기분이 좋아질 때마다 나는 정말 운이 좋다고 생각한다.

나는 운이 좋은 사람은 따로 정해져 있지 않고 자신에게 필요한 운을 불러들일 수 있다고 생각한다. 운이 없다는 생각만 했을 때는 정말 운이 내게 오지 않았다. 자신을 비관적으로 인식하다 보니 긍정으로 전환하지 못했다. 그런 내가 어느 날 감사한 일 5가지를 쓰기 시작하면서 내 운명도 바뀌기 시작한 것이다. 모든 것에 감사한 마음을 갖게 하는 긍정의 에너지를 끌어모으다 보니 좋은 운이 온 것이 아닐까? 누구에게나 친절을 베푸는 K 대표님도 타인에게 친절함이 자신에게 더 좋은 운을 끌어당긴 것이다. 특히 누구에게나 함부로 대하지 않는 모습은 자신의 운이 더 커지게 하는 귀감이 되는 태도이다. 내 친구 P도 주위에 기쁜 일이 있을 때 자신의 일처럼 더 기뻐하며 진심으로 축복해주는 것이 자신에게 더 좋은 운을 오도록 하는 일이었다는 생각을 한다. 그렇게 소소한 일상에서도 크고 작은 운을 언제든지 스스로 불러들일 수 있는 준비를 하면 된다.

자신에게 오려는 운을 말로 내보내는 경우도 많다. '나는 운이 없다. 나는 복이 없다. 나는 가난하다. 나는 불행하다.'라는 말들을 무심코 하면서 보내버리지는 말자. 운을 부르는 입술로 운을 부르는 말을 하자. 인생에 기회가 세 번 온다고 하는 말은 나는 맞지 않다고 생각한다. 기회는 곧 운이다. 무수히 많은 운이 우주에 있다. 크고 작은 운들이 우주에서 주인을 찾고 있다. 운은 언제든지 내게 올 기회를 엿보고 있는데 자신의 말버릇 때문에 오지 못하게 하는 일이 있어서는 안 될 것이다. 스스로 운을 좋게 만드는 법을 알고 있어야만 부자로 가는 운의 문이 열리게 된다는 것을 믿어라.

02

배움에
거침없이
투자하라

요즘 4년제 대학을 나와서도 취업을 못 하고 계속 공부만 하는 젊은 친구들이 많다. 나와 나이가 비슷한 내 주변 친구들은 구조조정을 당한 친구들도 있고, 아직 회사는 다니지만 답답한 직장 생활을 하는 친구들도 있다. 동창 중에는 학교 다닐 때 전교 1, 2등을 하던 친구들도 지금은 별다른 빛을 발휘하지 못하고 있기도 하다.

하지만 요즘은 자신의 퍼스널브랜딩을 하기 위해 목표를 세우고 노력하는 사람들이 늘어나고 있다. 좋은 대학을 나와서도 그 자리에 안주하는 사람들과, 그저 그런 학교를 졸업했지만 자신이 하고자 하는 일에 최선을 다하는 사람은 차이가 난다.

지금은 점점 더 빈부의 격차가 커져만 가고 있다. 부자들은 평생을 써도 다 못 쓸 돈을 가지고 있으면서도 자녀들의 교육에는 유난히 더 투자한다. 부는 물려줄 수 있지만 지식은 물려줄 수 없다는 생각 때문이다. 지식이 없으면 부를 물려준다 해도 부를 지킬 수 없다는 사실을 알기 때문이다. 그만큼 지식을 가진 사람들이 독점하는 시대이다. 평범한 직장생활을 하는 사람들은 자기계발 하는 곳에는 시간을 잘 쓰지 않는다. 그저 시간을 때우고 월급을 받는 것으로 만족하며 사는 안일한 직장인들도 많아졌다. 그러다 보니 젊은 사람들의 업무 능력을 따라잡을 수 없어서 고전하다가 명퇴를 하는 사람들도 늘어나고 있는 것 같다.

지식에 투자하라는 내용의 명언이 있다.

"지위 향상을 위해 재산을 아끼지 마라.

젊은이가 해야 할 일은 돈을 모으는 것이 아니라

그것을 사용하여 장차 쓸모 있는 사람이 되기 위한

지식을 모으고 훈련하는 것이다.

은행에 넣어둔 돈은 당신에게 아무것도 주지 못한다.

당신의 돈을 써라."

– 헨리 포드

나에게는 늘 더 배우지 못해 안달이 났던 시절이 있었다. 고등학교 졸업을 하고 대학을 가고 싶었지만, 형편 때문에 대학에 진학하지 않았다. 막연히 대학을 가고 싶어서 방송통신대에 입학했지만, 졸업하지 못했다. 무엇을 하든 끝을 잘 보지 못하는 나의 성격 탓인지 나는 대학을 다녀야 할 의미를 찾지 못했다. 공부가 하고 싶었던 것이 아니라는 생각 때문에 현실적이지 못하다는 생각이 훨씬 강했다. 풍족하지 못한 환경에 있다 보니, 치열한 삶 속에서 나는 언제나 미래에 대한 불안함을 감출 수 없었다. 언제나 배움에 대한 갈증은 있었는데 무엇을 배워야 할지를 몰랐다.

나는 지금 50대 초반이지만 배움에 많은 시간과 돈을 투자해야 한다고 생각한다. 나이에 상관없이 자신을 단련하는 일은 더 게으르지 않아야 한다. 사람에게 배움은 자신의 에너지를 꾸준히 끌어올려 더 많은 에너지를 만들어낸다. 누구도 배움에 대한 투자 없이는 어느 순간 경쟁에서 밀리게 될 것이다. 나는 '내 분야에서 최고가 된다. 목표도 이미 달성했다. 더 멀리 내 목표를 정해놓고 이미 이룬 것처럼 생각하고 달려간다. 통장에 돈이 쌓이는 것은 물론 행복하다. 머릿속에 지식과 지혜를 쌓으면 더 큰 부가 내게로 온다.'고 믿는 사람이다.

사실 나는 얼마 전까지만 해도 노트북이나 태블릿PC 사용을 어려워했다. 아예 배우지도 않았고, 누군가 대신 해주기를 반복했다. 시간이 갈수록 점점 불편해지고 있었다. 그러다 보니 삶에서 꼭 필요해지기 전에 무엇이든 미리 배워야 한다는 생각을 하게 되었다. 나는 요즘 노트북 사용을 하기 시작하고 기기 사용에 익숙지 않은 손가락을 활용한다. 기기 사용을 다 못하기는 핸드폰에 내장된 어플 기능들도 마찬가지이다. 하나씩 하나씩 알아가는 재미도 수월한 지금은 즐거움까지 생겼다. 끝없이 기기 사용하는 일에도 이토록 배워야 할 것이 많다. 편리성을 추구하는 일에 투자하기 시작하면 세상 살기가 훨씬 더 편해진다.

주위에 J라는 지인은 틈날 때마다 취득해놓은 자격증이 20개가 넘는다. 정말 대단하단 생각을 했다. 청소년 상담관리사 자격증, 요리사 자격증, 조정면허 자격증, 최근에는 요양보호사 자격증, 산림기능사 자격증 등 직장을 다니면서 틈틈이 취득한 자격증이다. 아무 생각 없이 자격증을 취득했을 리는 없다는 생각을 했다. 하지만, 안타까운 것은 직장 생활을 하는 동안에도 활용하고 평소에 활용할 수만 있었다면 직장 생활을 그만둘 수도 있었겠다는 생각이 들었다. 자격증 취득에만 시간과 에너지를 할애했을 뿐 자신을 위해 진짜 투자 공부는 하지 못했을 수도 있다. 나는 지금이라도 그렇게 많은 자격증을 활용하여 능력을 눈부시게 발휘하도록 미래에 과감히 투자하는 사람이 되었으면 하는 바람이다. 자신에게 있는 값비싼 재산을 팔아서라도 두려워하지 말고 준비한다면 충분히 원하는 것을 이룰 수 있다는 확신이 든다. 자신의 몸값이 올라가기 때문이다. 단, 무엇을 할지 뚜렷한 목표를 설정하는 것이 우선 되어야 할 것이다.

나는 직장을 다닐 때도 친구들과 술을 마시거나 수다를 떠는 데 시간을 쓰지 않았다. 보험회사에 근무할 때도 저녁 회식 자리를 하자고 하면 슬쩍 빠져나오기 일쑤였다. 오래 앉아 있으면 자꾸 좀이 쑤신다. 재미가 없어서 시간이 아깝다고 생각했다. 나는 자격증 취득을 해볼까도 생각했었지만, 그때마다 나는 한 가지 일에 시간이 묶이는 일은 비효율적이라는 생각을 했던 것 같다. 대부분의 자격증은 기술을 연마하거나, 취미생활을 하다가 취득하는 경우가 많은데 만약 내가 어떤 자격증을 취득하고 직업을 바꾼다 해도 내가 직접 할 수밖에 없는 일들이다. 그만큼 노동에 의한 수익을 올리는 일들뿐이라는 생각이 들었다. 여러 번 시도해보려던 자격증은 없고 지금은 유일하게 있는 자격증은 생활에 사용되는 운전면허증밖에 없다. 기사를 고용해도 내가 혼자 있고 싶을 때 드라이브를 하면서 스트레스를 해소할 수 있기 때문에 나에겐 최고의 자격증이다. 지금도 나는 혼자서 운전하는 시간에 많은 생각을 한다. 그리고 나는 그 시간을 즐긴다.

누구나 배움에 투자한다는 것은 자신에 몸값을 높이고, 결국 돈을 더 번다는 말과 다를 바 없다. 자신이 하는 일에 전문가가 되기 위한 것이라면 무조건 투자해야 한다. 대부분 대학을 마치고 취직에 목숨을 걸다 보면 대학만 졸업하면 끝이라는 생각을 한다. 어린 시절부터 지금 내 나이에 있는 사람들이라면 더 그럴 것만 같다. 부모님이 많은 자녀를 낳아서 기르다 보니 허리가 휘고 집안의 재산은 고갈되었다. 그리고 우리는 중학교 때에도 학비를 지불하고 다녀야 했던 시절이었다. 우리는 졸업만 하면 돈을 벌 수 있다고 생각하며 희망 고문을 스스로 하고 살았을지도 모른다. 지금은 정말 세상이 좋아졌다. 고등학교까지도 의무교육이 되었으니 말이다. 또 대학을 졸업하고도 취직을 못 하면 청년 실업급여를 주는 등 각종 혜택이 넘쳐나는 시대다.

나는 나보다 세 살 이상 차이 나는 후배만 봐도 매우 부럽다. 3년 전에 나와 비교해봐도 생각이 정말 훨씬 젊다. 게다가 나는 다른 사람들보다 열정이 넘쳐서 쉽게 지치지 않는다. 그래서 3년이면 자신의 인생을 충분히 바꾸고도 남을 만한 엄청난 시간이라는 생각을 한다. 부모님들께 항상 들었던 말들 '젊을 때 한 푼이라도 아껴서 저축해라. 집 한 칸이라도 마련해서 장가가려면, 시집가려면' 하는 우려 섞인 목소리를 들으며, 스스로 불안해한다. 그래서 도저히 꿈꿀 수 없었던 부자가 된다는 상상을 누군가에 의해 묵살시키며 살아왔다 하더라도, 지금이라도 변화를 꿈꾸는 마음이면 충분하다. 부자가 되고 싶다면 부자들에게 배운 것을 실행하기에 충분한 시간이라고 생각하기 때문이다.

지금은 코로나 이전과 코로나 이후의 삶은 완전히 달라졌다. 무엇이든지 빠른 속도로 현실에 안착하고 있다. 나는 이미 늦었는가? 하는 생각이 들면 늦었다고 생각하면 된다. 빛의 속도로 변화하는 현실에 빨리 적응하는 방법은 생각과 동시에 먼저 행동하는 것이다. 이럴까? 저럴까? 우물쭈물하지 말자. 누가 뭐라 해도 자신의 감각을 믿고 시작해보라. 하지만 반드시 지금 배우려고 하는 것이 내 가치를 올려주고 내 삶을 부자의 대열에 끌어 올려줄 수 있는 일인지 연관성을 찾아보라. 맞다는 생각이 들면 그 방면의 최고의 전문가를 찾는 일에서만큼은 게으르지 말라. 그 과정이 끝나면 시간을 아끼지 말라. 그리고 필요하다면 비용도 아낌없이 지불하라. 반드시 원하는 삶의 목표에 적합한 일이라면 거침없이 투자하라. 그렇게 시작한다면 당신은 원하는 것을 이미 이룬 것과 같다.

01

좋아하는
일을
찾아라

나는 어른들에게 하기 싫은 일도 참고 해야 한다는 이야기를 듣고 자랐다. 그러다 보니 어느새 몸에 밴 습성이 그리 긍정적이지 않았다. 그저 버티다 보면, 참다 보면 인생이 달라질 줄 알았다. 지금은 시대가 너무 빨리 변해서 어제 했던 말이 무색할 정도다. 하고 싶은 일을 위해서 지금 희생해야만 할 것 같은 생각이 든다. 그러다 보니 자신이 좋아하는 일을 찾는 시간마저도 힘들어하게 되고 다른 사람들과 비교하면서 사는 삶은 그리 행복하지 않아도 그 일을 한다.

누구나 처음부터 맞는 일을 단번에 찾기는 힘들다. 어릴 때 누구나 장래 희망에 대한 물음에 답을 한 적이 있을 것이다. 나의 어릴 때 꿈은 가수, 중학교 때는 작가, 그리고 조금 더 컸을 때는 사람들에게 꿈과 희망을 주는 동기부여 강사가 꿈이었다. 하지만 나는 꿈만 꾸고 방법들을 제대로 알려고 하지 않은 채 살아왔다. 그러다 보니 어느새 잊혀가는 꿈이 되고 말았다. 부끄럽지만 먹고 사는 일에 급급해서 꿈 따위는 아예 잊어버리게 되고, 사는 대로 살아가는 삶으로 전락해가고 있었다. 하지만 그렇게 장래 희망을 적어라. 시간이 지나서 꿈이 바뀌더라도 적었던 것과 적지 않은 것에는 분명 차이가 있었다. 만약 적지 않았더라면 무엇을 하고 싶은지 아예 생각도 하지 않으며 살아갈 수밖에 없었을 것이다. 생각할수록 아찔해진다. 그래서 나는 무엇이든 생각나는 것들은 기록하고 적어보기를 강조한다.

우리가 하고 싶은 일을 하고 살려면, 하기 싫은 일은 절대로 하지 않겠다고 선언하는 것도 중요하다. 정말 하기 싫은 일이 무엇인지 적어보면 하고 싶은 일이 무엇인지 알 수 있다. 나는 내가 좋아하는 일이 뭔지는 제대로 잘 알지 못했지만, 하기 싫은 일이 뭔지는 정확히 알았던 것 같다. 이런 일들이었다.

1. 시간에 쫓기며 사는 일

2. 정해진 시간 안에 밥을 빨리 먹는 일(식사 시간만큼은 여유롭게)

3. 자동차 없이 걸어 다니는 일 혹은, 대중교통을 이용하는 일

4. 집안에서 하는 일(음식, 빨래, 청소)

5. 시키는 일만 하는 일

6. 출퇴근 정확한 일

7. 하고 싶은 것을 참는 일

정말 하기 싫은 일이 많았던 것 같은데 분류해서 적어보니 몇가지 되지 않는다. 소소한 일상들과 연관되어 있지만, 나는 무엇을 싫어하는지 확실히 알 만하다. 일단 나는 정해진 시간에 일하고 퇴근하는 직장에 다니기를 싫어한다. 몸으로 하는 일, 타인에게 지시나 명령을 받는 일, 가난하게 사는 삶을 싫어한다. 누구나 나 같은 생각을 할 것이다. 그렇다면 내가 좋아하는 직업은 과연 무엇일까? 반듯한 직장인도 아니고 시간을 정해놓고 하는 사업도 아니다. 더군다나 집안일을 싫어하는 것을 보면 게으르다는 것을 인정해야 할 것 같다. 나는 노동으로 돈을 버는 일을 싫어하는 사람이라는 것을 알았다. 답은 간단하다. 놀고먹으면서 돈 걱정하지 않고 살 수 있는 일을 해야 한다. 하지만 세상에 이런 일은 없기에 세상 사람들은 열심히 살고 있지 않은가? 무슨 일을 하든지 생계와 직결되어 있으니 말이다.

나는 내가 좋아하는 것이 무엇인지 모른 채 살았다. 하지만 좋아하는 일을 찾는 것은 생각보다 간단하다. 타인의 시선으로부터 자유로워지는 것이 우선이 되어야 할 것 같다. 그리고 무엇을 하든 좋아하는 일을 하면 즐거울 것이다. 게다가 자신이 원하는 일을 하므로 성과도 훨씬 높아질 것이다. 성취감이 계속 선순환되어 더 즐겁게 일하게 될 것이다. 그런데 내가 좋아하는 일을 직업으로 갖는 것만으로 즐거움이 찾아오지 않을 것이다. 즐기며 일하고 행복하게 살기 위한 돈벌이 수단도 되어야 한다. 만약 지금 하는 일이 좋아하는 일이 아닐지라도 지금 하는 일에 최선을 다하라. 눈앞에 있는 일이 무엇이든지 간에 눈앞에 있는 일을 사랑하고 전력을 다한다면 꼭 좋아하는 일과 만날 기회가 생긴다. 흥미에 따라서 직업을 옮기면서 마침내 자신이 가장 좋아하는 일을 찾을 때까지 현실에 안주하지 않는 위대한 사람이 되어야만 한다.

우리가 식사를 하기 위해서 식당에 들어가면 알바를 하는 종업원들이 즐겁게 일하는지 그렇지 않은지 알 수 있다. 내가 잘 가는 단골집이 있다. 어찌나 친절하게 서빙을 하는지 가방 속에 있는 내 지갑이 자주 열린다. 일단 들어가면 큰 소리로 손님을 맞이한다. 하나라도 떨어지기 전에 미리 리필 해주는 센스가 넘쳐난다. 이런 식당에서는 설령 다른 식당보다 음식 맛이 조금 없더라도 맛있게 먹게 된다. 그런데 이렇게 친절하고 웃으면서 손님을 대하는 곳은 대체로 맛도 있다. 일을 즐겁게 하는 사람들을 보면 덩달아 기분이 좋아진다.

그리고 주인 얼굴을 봐도 낯빛이 환하다. 자신의 좋은 에너지는 자신에게만 영향을 미치는 것이 아니라, 타인에게도 많은 에너지를 준다. 그만큼 좋은 에너지는 힘이 세다. 서빙하는 일이 정말 좋아하는 일이 아닐지라도 열심히 최선을 다하다 보면, 내 지갑을 열게 만드는 힘이 있는 것처럼 타인들도 똑같은 마음일 것이다. 비단 식당뿐만 아니라, 백화점이나 미용실에 가도 마찬가지이다. 유난히 친절한 사람들에게는 훨씬 더 끌린다.

나는 무슨 일을 하든지 항상 최선을 다하고 일을 하는 동안은 즐겁게 했다. 내가 가장 힘든 시기에 호프집에서 알바를 할 때였다. 설거지를 하고 주방에서 안주를 만들 때도 나는 주인과 같은 마음으로 일을 했다. 호프집을 두 부부가 어렵게 차리고 혼자 주방일을 하기에는 감당이 되지 않아서 알바를 필요로 했다.

그때 나는 한 번도 해보지 않은 일을 하면서 처음엔 힘이 들었다. 내가 이런 일까지 하면서 힘들게 살아야 하나 생각도 했지만 이왕이면 내 일처럼 하자고 다짐했다. 하루 매출이 얼마 안 되는 동네 호프집이었지만,

매일 오늘은 매상 얼마 올리자는 목표를 내가 이야기했다. 마치 주인인 것처럼 하는 내 모습이 생각해보면 우습기도 하지만 두 부부는 "그래, 해보자." 언제나 함께 파이팅을 외치며 일을 했던 기억이 있다.

그 후 나는 매번 부정과 우울함과 절망에서 빠져서 집에서 한 발짝도 움직이지 못했던 때가 있었다. 아이들과 잠시 떨어져서 살아야 하는 시기를 겪고 있을 때이다. 독하고 모진 마음으로 아이들과 떨어져 있었지만 언제나 너무 괴로웠다. 그런 시기임에도 불구하고 나는 일을 하면서 남의 일을 해도 내 일처럼 했다. 나는 모든 일은 내가 원하는 것을 하기 위한 하나의 과정이라는 생각을 했다. 지금 하는 일은 나의 마지막 직업이라는 생각을 하지 않았다. 너무 힘들 때는 내가 운이 없다고 생각하기도 했다. 그러나 그것도 잠시였다. 항상 무슨 일이 주어지면 최선을 다하고 힘들어도 해보려고 했다.

나는 새로운 시도를 하며 노력했지만 하는 일들을 통해 경제적인 어려움이 해소되지는 못했다. 오히려 인생 가장 밑바닥으로 곤두박질쳐졌다. 그래도 내가 하고 싶은 일이 있고 나는 이렇게 살 사람이 아니라 말하고 생각했다. 그때 나는 하나님 말씀을 깨닫는 계기가 있었다. 그전에는 항상 기도할 때는 무엇을 달라는 기도만 했었다. 말씀을 제대로 들으면서 먼저 하나님 말씀을 듣고 깨닫는 지혜를 달라고 기도하기 시작했다. 경제적으로 너무 힘든 시기였지만, 조급해지지 않으려고 마음먹었다. 내가 정말 무엇이 하고 싶은지 마음속에 간직한 것을 말하기 시작했다.

내가 하고 싶은 일은 네트워크 사업으로 부자가 되는 것이었다. 그때 마침 지금 내가 몸담은 회사를 만나게 되었다. 회사를 처음 만들게 된 동기부터 함께 하기 시작한 회사라서 더욱 많은 애정을 가지고 있다. 내가 수년간 네트워크 사업을 하고 싶은 가장 큰 이유는 나 혼자만 부자가 되는 것이 아니라 함께 일하는 사람들도 부자가 될 수 있는 일이기 때문이다. 세상에 많은 일이 있지만 서로를 충족시켜주는 일은 없다. 세상의 모든 일은 누구든 밟고 올라가야만 하는 일이다. 하지만 네트워크 사업만이 내 팀이 잘되면 내가 더 잘되는 사업이고 내가 잘되면 다 잘되는 사업이다. 능력으로도 인맥으로도 지식으로도 경험으로도 할 수 없는 사업이다. 가난한 사람도 능력이 없는 사람도 학력이 낮은 사람도 부자의 길로 갈 수 있는 유일한 통로라고 믿었다.

살면서 어려울 때도 많았지만, 언제나 현재를 열심히 살아야만 내가 좋아하는 일을 찾는 일이 점점 더 가까워진다고 확신한다. 그래서 다른 사람들의 칭찬과 지지를 받고 잘되길 바라는 좋은 주파수를 받기 때문에 잘 될 수밖에 없다고 생각한다. 여러 가지 다양한 일을 하면서 기회도 자주 찾아온다. 행운도 함께 따르는 일들도 많아진다. 그러다 진짜 자신이 좋아하는 일을 찾게 되면 자신감이 넘쳐나고 용기도 생긴다. 나로 인해 좋은 에너지가 생겨나고 놀랍게 주변에 있는 사람들도 나로 인해 바뀐다. 진정 원하는 것이 있다면 자신이 먼저 포기하지 말아라. 자신이 정말 좋아하는 일이 무엇인지 말하라. 없다면 지금부터 찾아라. 정말 좋아하는 일을 하면서 사는 행복한 삶을 꿈꾸어라. 행복한 삶은 태어나면서 이미 누군가의 것으로 정해진 삶이 아니라, 간절히 원하는 사람들에게 허락된 선물이기 때문이다. 자신이 무엇을 원하는지 확실히 말하고, 지금 무슨 일을 하든지 최선을 다해보라. 좋아하는 일을 하면서 자신이 원하는 삶이 점점 더 빨리 자신에게 다가오도록 말이다.

04

부자들을
공부하라

사람들은 누구나 부자가 되고 싶어 한다. 하지만 모두가 부자가 되지는 못한다. 그럼 어떤 사람들이 부자가 될까? 부자들은 어떻게 해서 부자가 되었을까? 그저 궁금해하는 것으로 끝내지 마라. 부자가 되려고 생각하고 고민해야 한다. 진지하게 생각하면 부자가 될 수 있다.

에드윈 반즈의 말처럼 "누구나 부자가 되고 싶다고 하지만 부자가 되고 안 되고는 생각의 차이에 있다"라고 부자들은 말을 한다. 부자들을 부러워만 할 것이 아니라 부자가 되려는 마음을 먹는 것이 무엇보다 중요하다는 말과 같다.

많은 사람은 자신을 과소평가하고 스스로 부자가 되겠다는 마음을 먹어도 "어떻게 내가 부자가 되겠어?"라며 대부분 자존감 낮은 말을 한다. 나 역시도 부자가 부러웠고 부자가 되고 싶다는 생각을 했었지만 '내가 부자가 될 수 있을까?' 의심하고 나를 믿지 못하던 때가 있었다. 자존감이 바닥으로 떨어졌다. 가난하게 살 수밖에 없다는 생각 때문에 불안함과 절망감에 빠져서 살아갈 때가 있었다. 주변에 있는 사람 중에 부자가 없었다. 그러다 보니 부자의 기준도 잘 모르고 살았다. '부자가 되고 싶다면 부자들과 꾸준히 어울려라.'라는 말이 있다. 왜 이런 말이 나왔을까? 정확하게 말할 수는 없지만, 부자들과 자주 어울리면 부자들의 생각과 부자들의 관심사와 부자들의 언어와 모습을 보고 배우게 된다. 지금 내가 어울리는 사람들의 모습이 내 수준이라고 해도 과언은 아니다.

주변에서 함께하는 부자들은 특징이 있다. 실제로 어울리는 사람들도 있지만, 책에서 접하고 있는 많은 부자의 특징이 있다. 특히 내가 본 자수성가형 부자들은 우선 부자가 되겠다고 마음을 먹고 선언한다. 그리고 자신이 마음을 먹는 순간 변화를 두려워하지 않는다. 변화를 두려워하면 기회가 없다. 자신이 살아왔던 방식과 환경, 익숙한 것들과 결별해야만 한다. 변화를 추구하다 보면 새로운 기회들을 만나게 된다. 도전을 두려워하지 않으며 실패하는 것을 두려워하지 않는다. 부자들은 실패와 두려움을 극복하고 도전하는 것을 무엇보다도 즐기고 변화에도 두려움 없이 행동하고 실천한다.

그러면 우선 자신이 무엇을 하고 싶은지를 알면 방법을 찾기가 쉽다. 항상 자신이 무엇을 하고 싶고 얼마를 벌고 싶은지 돈을 벌어서 어디에 사용하고 싶은지를 말하는 사람은 훨씬 다음 단계로 가는 것이 쉬워진다. 크고 작은 꿈들을 이야기하고 그 꿈들을 언제까지 이루겠다는 기간을 설정하고 나면 바로 욕망이 된다. 누구에게나 하고자 하는 욕망이 생겨야만 일을 해서 성과를 낸다. 간절히 원하는 자신의 소망이 있다. 소망이 있는 사람과 그렇지 않은 사람과는 확연히 차이가 있다. 같은 일을 하면서도 지치지 않고 일을 하는 원동력이기도 하다. 일하면서 누군가의 방해나 반대에 부딪히게 되더라도 가볍게 털고 일어날 수 있게 된다.

부자들은 항상 자신이 무엇을 하고 싶은지를 타인들에게 말하고 선언하는 사람들이다. 타인들에게 포부를 밝히면 오히려 그 약속을 지키기 위해 더 열심히 뛰게 된다고 말한다. 그리고 자신이 하고 싶은 것들을 주문처럼 외운다. 메모해두기도 하고 눈에 잘 띄는 곳에 적어서 시각화하고 시각화한 자료들을 보면서 다짐한다. 부자가 되지 못하는 사람들은 두려움이 많고 안전을 추구하고 모든 변화에 저항하려는 사람들이다. 두려움 때문에 변화하려는 의지를 상실하는 뇌의 활동 때문이라고 말하는 사람들도 있다. 인생에서 가장 어리석은 사람들은 지금 편하고 안전함 때문에 어떤 변화도 추구하지 않는 사람들이다. 부자들은 모험을 하다가 올 수도 있는 리스크를 감수하려는 사람들이다. 자신에게 올지도 모르는 리스크가 두려워 아무 일도 하지 않는 사람들은 절대로 부자가 될 수 없다.

부자들은 생각도 몸도 부지런하다. 우선 생각이 부지런하다 보니 남들이 생각지 못한 곳까지 앞서서 가 있다. 그러다 보니 몸도 바삐 움직인다. 감각적으로 머리에 떠오르는 생각들을 실행에 빠르게 옮기고 과거의 방식을 고집하지 않는다. 과거에 맞는 방식이었고 성공했던 방식일지라도 현실에 맞는 방법이 아니라면 과감히 버리고 새로운 것을 빨리 받아들인다. 모험을 두려워하지 않는 사람들이다 보니 다른 이들의 성공 사례를 유심히 보고 적용하는 속도도 빠를 수밖에 없다.

부자들은 남의 눈치를 보지 않고 소신껏 행동한다. 이거다 싶으면 가진 것을 투자하는 배짱도 두둑한 사람들이다. 나는 부자가 되기 위해서 가장 중요하다고 생각되는 것이 바로 리스크이다. 평범한 사람들은 무엇을 하든 리스크를 감수하는 게 당연히 두렵겠지만 때로는 배팅을 해야 한다면 과감히 빚을 내서라도 투자하는 것도 꺼리지 않아야 한다. 버진 그룹의 창업주 리처드 브랜슨은 이렇게 말했다. "나는 가슴이 이끄는 대로 살고, 새로운 것에 도전하며, 상상한 것을 현실로 만들어놓는다. 내 꿈과 열정에 솔깃한 것, 그것이 내 삶이고 경영이다."라고 말이다. 상상한 일들을 현실로 만들려면 생각만 하지 않고 실행에 바로 옮기다 보면 어느새 자신이 원하는 대로 되게 만드는 기술이 부자들에게는 있다.

부자들은 실패를 두려워하지 않는다. 실패했을 때도 좌절하지 않고 실패의 경험을 끊임없이 더 나은 성공의 밑거름으로 쓴다. 실패를 부끄러워하지 않고 계속 도전하면서 실패 속에서 또 다른 지혜를 얻고 찾는다. 실패의 경험 속에서 자신의 사고의 틀을 깨야만 한다. 정말 부자가 되고 싶다면 부자들은 실패했을 때 어떻게 극복해냈는지 보고 따라 하면 된다고 생각한다.

나도 한때는 엉뚱한 고집이 있어서 매번 생각대로 일하다가 낭패를 본 경험이 많았다. 실패했던 경험이 있는 일인데도 잊어버리고 자꾸만 같은 일을 반복하다 보니 결국은 또 실패한다. 그렇게 몇 번의 어리석은 실패를 하고 나서는 스스로 돌아보기보다는 환경 탓을 한다. '이건 내가 잘못한 것이 아니야' 다른 사람 탓을 하고 내 잘못은 없다고 생각했다. 이렇게 한심한 핑계를 대고 살았던 때가 있었다. 생각해보니 내가 가장 인생에서 쓰디쓴 기억이 많을 때이다. 모든 일을 실패하면서도 그 틀을 완전히 벗어나게 해줄 지혜를 얻지 못했다. 실패의 경험을 통해 자신이 실패한 것을 인정하고 과감히 자신이 가진 사고의 틀에서 벗어나려는 지혜를 가져야 할 것이다. 부자들은 자신이 얼마나 많은 능력을 갖추고 있는 사람인지 다시 일깨우고 변화를 끊임없이 시도하는 사람들이기 때문이다.

부자가 된 사람들은 지금 당장 부자가 아니더라도 부자처럼 부자가 되겠다 선언하고 먼저 행동했다. 자신의 이미지를 관리하고, 말과 행동, 자세를 바꾸기 시작했다. 부자들의 생각을 알기 위해 부자들을 공부하기 시작했다. 부자가 된 사람들의 책을 보고 사례를 귀담아들으며 자신도 그렇게 되겠다고 다짐했다. 부자가 된 사람들에게는 반드시 롤모델이 있었다.

또 부자가 된 사람들은 문제 앞에서는 눈앞에 닥친 문제들부터 해결한다. 지금 당장 무엇을 해야 하는지 판단을 잘한다. 만약 두 사람이 자동차 영업사원으로 똑같은 일을 선택했다면, 무엇에 집중해야 하는 것일까? 한 사람은 오직 판매 실적에 집중하고 판매 실적을 올리는 데 시간을 쓰는데, 한 사람은 판매 실적에 집중하지 않고 매번 자동차가 안전한지, 자동차를 판매한 후에 문제가 발생하지는 않는지 의문을 가지며 시간을 쓴다. 결과는 어떻게 될까? 후자의 경우 지금 당장 해야 할 일에 집중하지 않아서 한 달 영업실적은 엉망이 될 것이다. 또 우리 사업을 하는 사업자를 예로 들면 당장 할 일을 가르쳐줘도 자신 있게 말하려면 공부를 더 하고 확신이 생길 때까지 공부하는 시간이 길다. 제품을 분석하고 회사를 분석하고 그러다 회사와 제품에 불평불만만 늘어놓다가 집으로 가는 사람도 많다. 부자가 된 사람들의 특징을 보면 지금 당장 닥친 일들을 최선을 다해서 결과를 내는 사람들이다. 자신이 지금 당장 해야 할 일이 무엇인지 우선순위를 잘 아는 사람들이다.

지금까지 이야기한 부자가 된 사람들의 특징을 정리해보면 부자가 되기 위해서는 먼저 자신이 부자가 되겠다는 마음을 먹어야 한다는 것이다. 그리고 그들은 자신을 믿고 확신하며 누군가에게 선언한다. 도전을 두려워하지 않아야 한다. 도전하면서 실패의 경험을 하더라도 경험을 다시 도전의 기회로 삼아야 한다. 도전하면서 오는 리스크를 감수하고 이루고자 하는 일에는 신념을 담아 더 열심히 도전한다. 생각하면 행동을 빠르게 바로 실행하며 자신있게 있는 모든 것을 쏟아부어서라도 부자가 된다. 부자가 될 때까지 계속한다. 될 때까지 한다. 지금 당장의 문제를 해결하고 집중하며 결과를 만들어내는 일에 최선을 다한다.

부자들은 자신이 실패하고 리스크가 많아지더라도 언제나 확실한 목표가 있다. 부자들은 실패나 리스크가 문제가 되지 않도록 문제보다 더 큰 사람이 된다. 무엇보다도 믿고 도전하며 매일 매일 자신의 심장을 뜨겁게 만드는 사람들이다. 안 된다는 말보다는 먼저 행동이 앞서고 가난한 이들의 눈으로 봐서는 안 될 것 같은 일도 과감하게 도전하고 되게 만드는 마력을 가지고 있는 사람들이다.

나는 부자들을 부러워하며 살았다. 나는 부자가 되지 못할 것이라는 생각도 했었다. 하지만 지금은 달라졌다. 부자들의 생각과 행동을 따라 하는 사람이 되어가고 그러다 보니 가난한 생각을 하는 일 따위는 하지 않게 되었다. 부자들과 함께 어울리면 생각이 바뀌게 된다. 부자가 되고 싶다는 생각이 들면 당장 부자가 되기 위한 행동을 시작하라. 그리고 누구나 다 될 수 있는 부자의 길을 가라. 자신이 부자가 되면 무조건 행복한 삶을 사는 첫 번째 조건을 달성하기 때문이다.

05

돈을 좇지 말고
돈을 부르는 능력을
키워라

주위를 보면 쉽게 돈을 벌고 싶어 주변의 유혹에 넘어가 아까운 돈을 뿌리도 없는 곳에 던져놓고 자라나기만을 기다리고 있는 사람들이 많은 것 같다. 타조 증후군이란 말이 있다. 현실을 외면하고 두 눈 딱 감고 위기를 피하려는 사람들을 일컫는 말이다. 자본주의 시장경제 체제에서 그런 눈먼 돈은 '결코 없다.'는 것을 믿기 바란다. 혹시 운이 좋아 잠깐 돈이 들어올 수도 있지만, 결국 실패할 수밖에 없는 조건의 자산과 인연을 만들게 된다. 결국에는 크나큰 낭패만 볼 것이다. 마치 도박장에서 어쩌다 한번 돈을 벌었다고 계속해서 벌 것처럼 도박장을 떠나지 못하다 패가망신한 사람들처럼 말이다.

지금 내가 몸담고 있는 회사는 정직하고 성실하게 약속을 이행하는 내실 있는 기업으로 성장하고 있는 회사이다. 나는 12년째 함께 사업을 하고 있다. 누구나 네트워크 사업을 하다 보면 타 회사에서 일하는 사람들의 유혹도 많이 겪고, 같이 일하던 사람들의 배신으로 인해 실망을 할 때도 있다. 배신을 하고 떠나는 사업자들 중 애정이 많았던 사람에게 나 혼자 상처를 받기도 했었지만, 그런 마음도 그리 오래 가지는 않았다. 나는 그렇게 반복되는 사람들을 많이 접하다 보니 시간이 갈수록 사람들의 마음을 더 빨리 쉽게 알게 되었다.

어떤 사람들은 다른 유혹을 이기지 못해 무엇을 하더라도 큰돈을 벌지 못했다. 언제나 여러 회사를 전전긍긍하며 푼돈을 쫓아다니는 사람들이 되다 보니 가도 가도 목이 마르게 된다. 실제로는 파이프라인을 구축하기 위한 일이라고 하면서 스스로 여러 우물을 파기도 한다. 우리 사업은 그렇게 하다 보면 일의 효율이 떨어진다. 당장의 목을 축이기 위해 여러 우물에서 작은 경험을 하다 보니 결국에 깊이 있는 사람이 되지 못한다. 그리고 깊이 있는 지식을 얻지 못했음에도 불구하고 뭐든지 다 안다는 사람이 될 수밖에 없다. 누군가의 조언도 듣지 않을 만큼 아는 것은 많아지지만 정작 돈을 많이 벌지는 못한다.

어떤 일을 하더라도 자신의 평생 직업이 될지 말지는 최소한 3년~5년은 해야만 한다고 생각한다. 직장에 처음 입사해서는 신입사원으로 일을 배워야만 다음에 자기 적성에 맞는 부서로 배치된다. 처음에는 마음에 들지 않은 일도 하면서 시작하는 직장생활도 적응하는 기간이 있다. 어느 기간이 지나야만 반드시 익숙해진다. 월급도 오르고 더 많이 익숙해지면 후배 사원들도 생겨서 한 단계 업된 업무를 하기 시작한다. 그렇게 익숙해져갈 즈음에 여러 가지 여건이 마음에 들지 않아서 적성에 맞는 다른 직업을 찾는다.

그 과정에서는 만족할 만한 월급을 받지 못할 수도 있다. 단순히 돈을 더 벌기 위해서 직장을 옮겨 다니다 보면 처음에는 조금 더 돈을 올려 받아서 좋을 수 있다. 그러나 그 기쁨도 오래가지 못한다. 욕심이 자꾸 생기기 때문에 만족이 있을 수 없다. 일정한 기간을 참아내야만 자신에게 맞는 일도 그에 대한 정당한 대가를 받는 일에 보람이 생긴다. 잠깐의 과정을 견디지 못하면 돈만 좇는 직장 생활을 하고, 적은 돈에 얽매인다. 그러다 보면 좋아하는 일이 아닌 마지못해 일을 하게 된다.

나는 단골 미용실에 5년째 다니고 있다. 헤어 디자이너라는 명칭을 얻기까지 기술을 익히는 일이다 보니 빨리 디자이너가 되고 싶은 스태프들이 훨씬 더 빨리 성장하는 것을 보았다. 언젠가는 디자이너가 되겠지 하는 마음으로 움직이는 스태프들은 헤어디자이너가 되기까지 시간이 두 배나 더 걸리는 경우도 있었다. 미용기술을 익히고 연마하는 일도 재미가 있어야 할 것 같았다. 내 머리를 디자인 해주는 젊은 디자이너는 고객의 헤어스타일에 대한 만족도를 높이기 위해서 강한 자부심과 책임감을 가지고 일을 한다.

시간을 더 쓰더라도 자신이 만족할 때까지 그리고 고객이 웃으며 미용실 문을 나갈 때까지 최선을 다한다. 항상 웃으며 고객을 대하고 고객의 말을 경청한다. 때로는 자신이 바라는 고객의 헤어스타일만큼은 자신의 주장을 굽히지 않는 디자이너이다.

나는 이렇게 자신의 직업에 프라이드를 가지고 자신 있게 드러내는 사람들이 좋다. 그런 사람들을 보면 나는 언제나 훌륭하다고 말해주고 싶다. 이런 사람들은 아마도 돈을 좇지 않으면서 돈을 버는 부자마인드를 가지고 있는 사람들이라고 여겨진다. 마지못해서 일하는 사람은 움직이는 모습만 봐도 알 수 있다. 어디를 가도 그런 사람들을 보면 씁쓸하기만 하다.

예일대 연구소에서 선택에 따라 어떤 사람들이 되는지에 대해 20년간 추적 조사한 결과를 본 적이 있다. 하버드대와 예일대를 졸업한 1,500명을 대상으로 한 20년 동안의 삶을 조사했다.

졸업할 때 선택

1. 연봉이 높고 직장을 갔을 때 "돈을 많이 벌겠다"는 선택(83%)

2. 돈을 못 벌어도 "내가 하고 싶은 것을 하겠다"는 선택(27%)

이 중에서 101명의 부자가 탄생했다.

1. 돈을 좇는 그룹을 선택한 사람은 단 1명뿐 (0.08%의 확률)

2. 꿈을 좇는 그룹 중에는 100명의 부자가 나왔다. (40%의 확률)

물론, 금전적으로 성공한 삶과 그렇지 못한 삶을 나눌 수는 없지만, 돈만 좇아가다 보면 멀리가기가 힘들다는 것은 분명하다는 것을 보여주는 조사임에는 틀림없다. 부자가 될 확률은 돈을 좇는 사람들보다 자신이 하고 싶은 일을 하겠다는 사람들이 훨씬 높다.

그렇다면 부자들은 어디에 힘을 쏟을까? 부자들은 돈을 버는 데 많은 열정을 쏟지 않는다. 항상 새로운 기회를 찾는 것에 집중한다. 가난한 사람들은 소비할 돈에 집중하지만 부자들은 돈을 벌어다 줄 기회와 일에 초점을 맞춘다. 대물림되는 가난은 돈으로 해결할 수 없다. 요즘은 기초생활수급비를 받는 가정의 학생들도 값비싼 스마트폰을 가지고 다닌다. 부자와 빈자의 차이는 스마트폰이 있느냐 없느냐의 차이가 아니다. 돈의 문제를 넘어서는 생각과 태도의 차이이다.

무슨 일을 하든지 하는 일에서 어떤 태도로 일을 하느냐에 따라 누구보다 자신의 일을 즐기면서 하는 사람들에게는 더 이상 돈을 벌기 위한 노동의 행위가 아니다. 누구보다 자신의 일을 즐기는 사람들이다. 그들의 태도에서 부자 마인드를 찾을 수 있다. 남들보다 먼저 하루를 시작하고자 하는 열정적이고 자신이 해야 할 일을 제대로 해내겠다는 다짐으로 일을 한다. 주위에 사소한 것 하나하나를 실행한다. 작은 실행들을 쌓아서 자신의 부를 부르는 습관이 되게 한다면 부자가 될 수밖에 없다고 생각을 한다.

누군가는 돈을 좇아 뜬구름만 잡는 일들을 반복하고, 또 누군가는 매일 매일 쳇바퀴 도는 삶을 산다. 부자가 되려는 바람은 늘 있지만, 가난한 마인드에서 벗어나지 못하는 사람들이 있다. 부자가 된 사람들을 부러워하지만, '어떻게 부자가 되었을까?' 궁금해하기보다는 질투만 한다. 타인의 성공을 진심으로 축하해주지 못하는 사람은 절대 타인이 성공한 그런 환경에 놓이지 못한다.

타인의 성공을 진심으로 축하해주지 못한다는 것은, 아직 자신은 그런 성공을 이룰 마음의 준비가 되어 있지 않다는 뜻이다. 그래서 타인의 성공을 보니 질투가 생기고 화가 나는 것이다. 나는 잘 안 되는데 그는 잘 되어서 짜증나 미치겠다는 반증이다. 결코 준비가 되어 있지 않은 사람에게 그런 환경을 끌어다 주지는 않는다. 축하할 때 시기하거나 질투하는 마음이 담겨 있다면 그 역시 우주는 부정적인 환경을 끌어다 준다. 이것이 잠재의식과 우주가 반응하는 시스템이다.

06

깨닫고
배우고
실천하라

"오늘은 힘들어도 내일은 좀 나아지겠지?" "지금보다 더 편안한 삶을 살고 싶다." "내 인생은 왜 이리 고단할까?" "어떻게 하면 잘살 수 있을까?"

내가 가장 힘들 때 생각하던 말이다. 대부분의 사람은 지금보다 나은 내일을 바란다. 지금은 비록 힘들고 고단하지만 내일을 기대한다. 하지만 바란다고 해서 내일이 지금보다 더 나아지지는 않는다. 아무런 노력도 하지 않고 감나무에서 홍시가 떨어지기를 바라는 것과 같다. 그래서는 절대로 홍시를 먹을 수 없다. 누군가는 생각하는 순간 재빨리 감나무에 올라가 홍시를 따거나 도구를 이용해서 홍시를 따버릴 것이다.

지금보다 더 부자로 살기를 원한다면, 부자가 되려면 무엇인가 해야 하고 부자들에게서 배워야 하고 부자들의 행동을 따라 해야 한다. 지금 과 같이 똑같이 살다 보면 부자가 되는 것은 어렵다. 지금보다 나은 삶을 살고 싶다면 우리는 지금 더 나은 행동을 해야 한다.

매우 흥미로운 사례가 있다. 쌍둥이 형제가 범죄를 저질러 동시에 감 옥에 들어가게 되었다. 감옥에서 5년간을 보내야 할 쌍둥이가 안쓰러웠 던 교도관이 두 사람에게 원하는 것이 있으면 무엇이든 들어주겠다고 말 했다. 그러자 부정적인 성격의 형은 '감옥 안에서 무얼 할 수 있겠어?'라 는 생각에 두 갑의 담배를 부탁했다. 반대로 긍정적인 성격의 동생은 달 랐다. '다시는 죄를 짓지 않고 살아야지. 그러려면 지금부터 미래를 준비 해야 돼' 라는 생각에 매일 전화를 사용할 수 있게 해달라고 부탁했다.

어느덧 5년이 지나 두 사람은 드디어 감옥에서 나오게 되었다. "불을 줘! 불을 달라고!" 형은 교도관에게 담배를 부탁하면서 깜빡 잊고 라이터 를 달라고 말하지 못했던 것이다. 형과 달리 동생은 깔끔한 정장 차림에 미소를 띤 모습이 5년 전과 사뭇 달랐다. 그는 교도관의 손을 잡으며 말 했다. "제 부탁을 들어주셔서 고맙습니다. 지난 5년 동안 전화를 사용할

수 있게 해주셔서 저는 사업을 할 수 있었고 새로운 미래를 설계할 수 있
게 되었습니다. 그 보답의 의미로 자동차를 한 대 선물하겠습니다."

일화에 나오는 부정적인 성격을 가진 형처럼 되어서는 안 된다. 아무
리 어려운 상황에 놓여 있더라도 동생처럼 긍정적으로 생각하며 미래를
설계해야 한다. 세상은 살면서 희망을 놓지 않고 미래를 설계해야 한다.
세상은 희망을 놓지 않고 미래를 설계하는 사람의 것이기 때문이다. 부
족한 부분을 보완하기 위해 고민하고 자신의 강점은 더욱 강화시키기 위
해 분투해야 한다. 세상은 끊임없이 '자신을 갈고 닦는 사람의 몫이 될 것
이다.'

창업주 이병철 회장의 별세로 갑작스럽게 삼성그룹의 회장직에 오른
이건희는 앞으로 어떻게 해야 할지 막막했다. 회장이 된 이듬해인 1988
년 그는 침몰하는 삼성호를 살리기 위해 '제2창업 선언'을 발표하고 대대
적인 구조조정에 들어갔다. 하지만 50년 동안 굳어진 삼성의 체질은 쉽
게 달라지지 않았다.

그래서 그는 1993년 6월, 독일 프랑크푸르트에서 그 유명한 '신경영 선
언'을 공표했다. '처자식 빼고 다 바꾸자.' '양 위주의 경영을 버리고 질 위
주로 가자'는 메시지를 던졌다. 삼성호를 살리기 위한 대대적인 수술에
들어간 것이다.

이건희는 말로만 삼성맨들에게 더 나은 행동을 하라고 강요한 것이 아니었다. 런던으로 188여 명의 임직원을 불러들여 장장 500시간에 걸쳐 삼성의 비전을 직접 강의했다. 꿈쩍도 하지 않던 삼성맨들은 시간이 지나면서 점차 달라지기 시작했다. 그 결과 삼성은 D램 반도체, 낸드플래시 메모리, LCD, CDMA 방식 휴대전화 등 세계 시장점유율 1위 제품을 열아홉 개로 늘릴 수 있었다. 신경영의 성과로 인해 현재 삼성은 국내 최고는 물론 초일류 기업으로 성장했다.

사람들은 저마다 부자가 되고 싶고 더 큰 부자가 되고 싶어 한다. 부자가 되고 싶다고 하면서 지금과 같이 살면서 이룰 수 있는 것은 아무것도 없다. 지금보다 더 나은 삶을 살 수 있는 방법들을 고민해야 한다. 어떻게 해야 부자가 되는지 정확한 방법을 알지 못하고 지금 실천하고 있는 것이 맞는 것인지 의심스러울 때가 많았다. 관련 책을 읽어도 어렵게만 느껴졌다. 이건희 회장은 대형 구조조정을 해도 쉽게 체질변화를 하지 못했던 삼성에 대대적인 수술을 하겠다고 선언했다. '처자식 빼고 다 바꾸자'라는 대변혁의 의지를 삼성맨들에게 끊임없이 알리고 교육으로 일깨웠다. 그런 것처럼 부자가 되겠다는 마음과 의지를 실천하면서 답답하고 조급함마저 들었다. 부자가 되는 구체적인 방법을 찾는 것보다 다시 부자가 되고 싶은 이유를 찾아야 한다. 그리고 부자들의 마음가짐, 습관,

행동을 꾸준히 따라 해보자.

　가난하게 태어났거나 한때 가난한 시절이 있었더라도 마음만 먹으면 충분히 벗어날 수 있다. 그러나 빈곤한 마음은 문제가 된다. 예를 들면 아주 사소한 예로 가족이니까, 가까운 사이니까 돈을 쉽게 빌리고 좀 늦게 갚거나 안 갚아도 된다는 안일한 생각들은 빈곤의 마음이다. 사람들은 빈곤한 마음부터 없애야만 진정한 부자가 될 수 있다고 본다. 부자들은 절대로 빈곤한 마음 상태로 부자가 될 수 없음을 안다. 언제나 부자가 되고자 하는 마음부터 확고해야 부자가 될 수 있다.

　부자가 되고 싶은 꿈은 누구나 꿀 수 있다. '부자가 되려면 무엇을 해야 하는가? 어떤 방법으로 부자가 될까?'도 같이 꿈꾸어야 한다. 나는 가난한 부모가 되기 싫었던 것이 첫 번째 이유였다. 가난한 삶이 나의 모든 욕망을 꺾었다. 그리고 마음의 여유마저도 잃게 만들었다. 사느라고 바빠서 더 좋은 세상을 만나고 경험할 수 없게 만들었다. 항상 도전을 멈추게 하는 이유라고 생각했다. 가난은 나 이외의 가족들에게도 행복을 쉽게 내어주지 않았다. 하지만 가난한 삶을 살아봤기에 부자의 삶도 동경할 수 있었다. 그러므로 가난을 경험한 과거마저도 감사한 마음을 갖는다.

　나는 가난한 삶에서 벗어나고 싶었다. 만약 부자가 되고 싶은 마음을 먹지도 않았다면 내 삶에 가난이 엄습해와도 알아차리지도 못했을 것이다. 많은 사람은 마음속에 꿈틀대는 것이 있어도 현실에서 천천히 다가오는 위험을 느끼지 못한다. 대부분 자신과 타인을 비교하며 좀 더 나은 구석만 있어도 안도의 숨을 쉬며 가난한 삶을 탈피하려는 생각마저 사그라들게 한다. 하지만 나는 가난이 나와 공존할 수 없게 만들기를 간절히 바랐다.

부자가 되기 위한 꿈을 꾸는 모든 이들은 부자가 아니기 때문에 부자가 되기 위한 방법을 알기란 '하늘의 별따기'이다. 나는 30대부터 40대까지 시간을 수업료로 지불했다. 부자가 될 수 있는 방법이 세상에 난무해도 자본력이 있어야만 하는 일을 선택할 수 없었다. 젊은 시절을 수업료로 치르고 지금 나는 먹고 사는 일에 치중하면서 사는 삶은 꽤 오래전에 탈피했다. 나만 겪는 일들이 아닌 누구나 겪을 수 있는 가난을 아픔으로만 여기지 않을 마음을 먹었다.

그것이 지금 내가 있는 이유이다. 부자는 누구나 될 수 있다는 마음부터 먹어야 한다. 그리고 가난한 삶에서 반드시 벗어나려는 방법을 찾아 배워야 한다. 부자가 빠르게 되는 방법이 아닌 조금은 느리더라도 보다 정확하고 확실하게 부자가 될 수 있는 방법을 배우고 찾아야 한다.

지금 나는 부자가 되는 방법은 확실히 알고 있다. 그러다 보니 두려움

없이 확신하며 지금 이 길을 거침없이 가고 있다. 노동력만으로 수익을 얻는 일을 마다하고 나는 부자가 되는 파이프라인을 구축하고 싶은 사람들과 함께 만들어가고 있다.

한 사람 한 사람 이야기를 나누다 보면 가슴 깊이 간직한 소망을 하나씩 꺼내서 이야기보따리를 풀어놓는다. 그들은 모두 잘살고 싶고 가족들과 행복하게 살고 싶고 아이들에게 부자 부모가 되기를 원한다. 지금보다 더 멋지게 살기를 원하고 바란다. 타인들과 비교해서 월등하게 살기를 바란다. 나는 그들의 꿈을 기꺼이 응원한다. 그리고 그들이 기꺼이 꿈을 이루기를 함께 응원한다. 하지만 마음만 부자의 꿈을 꾸고 부자가 되는 방법을 알더라도 어떤 것도 실천하지 않으면 자신이 바라는 부자의 모습은 그림의 떡이 된다.

우리는 지금보다 더 나은 내일, 미래를 맞이하려면 다음과 같은 고민을 하길 바란다. '어떻게 하면 지금보다 더 부자가 되고 싶은가?' '자신이 진정으로 하고 싶고 바라는 것이 무엇인가?' '부자가 되기 위해 지금 나는 어떤 행동을 해야 할까?' '지금과 같은 모습으로 산다면 3년 후, 5년 후 자신의 미래는 어떨까?' 마음껏 자신의 미래를 가장 멋지고 눈부신 모습을 상상하라. 그리고 마침내 원하는 부자의 모습을 상상하라. 그리고 다 이루어진 모습을 상상하라. 자신이 부자로서 사는 삶은 이미 다 이루어졌다. 주저하지 말고 부자가 되려는 노력을 하고 부자들이 하는 일을 지금 실천하라. 부자가 될 때까지 하라.

07

부자의 길을
먼저 간 사람들과
어울려라

    자신의 주변에 부자라고 생각되는 사람이 몇이나 있는가? 자신이 어울리는 주변 사람들 중에 자신보다 부자인 5명을 적어보라. 내가 부자라고 생각했던 사람들은 나보다 나은 사람들이라고 생각하는 사람들이 전부였다. 하지만 가난과 빚에 허덕이며 살다가 부자가 된 사람들의 이야기들을 책이나 유튜브를 통해서 많이 듣게 되었다. 누군가에게 부자가 되었던 사례담을 들었거나, 주위에 부자들을 통해서 듣고 깨달은 것을 실천한 사람들이 많다. 그중에서도 부자들을 만나기 시작하면서 부자들에게 지혜를 얻게 되어 부자가 된 사람들이 우리 주위에 너무 많다. "유유

상종"이라는 말이 그냥 있는 것은 아닌 것 같다.

나는 직장에서든 사회에서든 부러움의 대상이 있다. 정말 공감되는 언어와 말을 사용해서 다른 사람들에게 힘을 주고 용기를 주는 모습들을 보면 따라 하고 싶어진다. 내가 되고 싶은 어떤 모습을 상상하며, 누군가 나에게 귀감이 되는 모습을 따라 하기 시작하면 행복해진다. 직장에서는 닮고 싶은 사람을 따라 하다 보면 정말 놀랍게도 조금씩 변해간다. 나는 이 사실을 체험하고 깨달은지 그리 오래 되지는 않았다. 처음엔 그냥 부럽다고만 생각했지 따라 할 생각은 아예 하지 않았다. 왜냐하면 내가 롤모델로 삼았던 사람들은 모든 것이 다 완벽하지 않았기 때문이다. 나는 누군가에게 완벽한 모습을 원했었던 것일까? 이 사실을 깨달은 후부터는 롤모델로 정한 사람들의 장점만 찾아 따라 해보기로 한 것이다. 부자가 되는 방법은 달라도 대단한 부를 부르는 실력가들임은 분명하다.

요즘엔 책이나 성공 사례들을 통해서 그리고 그들의 성공을 담은 내용을 유튜브나 여러 채널에서 만날 기회가 많다. 얼마나 행복한 현실인가? 내가 아는 분 중에는 부자들을 만나기 위해서 부자들이 즐겨 찾는 커피숍에 가서 매일 커피를 마신다. 주위에 부자들을 만날수록 부자들이 바라보는 관점이 다르다는 것을 알게 되었다. 부자들의 말과 부자들의 의식을 얻으려는 노력을 해야 한다는 생각도 끊임없이 하게 되었다. 부자들은 무슨 책을 보며 무엇을 공부하는지 무엇을 하고 노는지 알기 위해서는 부자들과 어울려야만 한다.

부자와 어울려서 세계적인 거인이 된 가브리엘 샤넬의 이야기가 흥미롭다. 그녀는 가난한 집 6남매 중에 둘째로 태어났다. 그녀가 아주 어렸을 때 그녀의 어머니는 죽었고, 아버지는 그녀를 수녀원에 보냈다고 한다. 그녀는 수녀원에서 바느질을 배우면서 자랐다. 그녀는 어느 정도의 나이가 들자 수녀원을 떠나서 낮에는 의상실에서 일을 했고, 밤이면 클럽 가수로 일하면서 힘겹게 살았다고 한다. 클럽 가수 생활을 하다가 생긴 별명이 '코코'였다. 카바레 가수였던 그녀는 '코코가 트로카데로에서 누구를 만났던가?'라는 노래로 인기를 끌었고, '코코', '코코'를 외치는 손님들로 인해 그녀는 코코 샤넬이 되었다고 한다.

카바레 가수였던 그녀가 세계적인 디자이너로 성공할 수 있게 된 결정적인 계기는 부유한 남자들과의 만남 때문이었다. 그녀가 부유한 남자들을 만나지 못했다면 지금 우리가 알고 있는 코코 샤넬은 존재하지 않았을 것이다. 샤넬은 부유한 집안 출신 장교 에티엔 발장을 만나 자신의 옷 만드는 재능을 어떻게 발휘하고, 어떤 식으로 광고를 해야 하는지에 대해 깨닫는 계기를 마련하게 되었다.

그 후 발장을 통해 알게 된 카펠과의 만남을 통해 가게를 열 수 있게 되었다고 한다. 우연한 계기로 좋은 사람을 만나서 자신의 재능이 빛나는 순간을 맞이한 코코 샤넬도 그녀의 가능성을 발굴한 사람도 너무 대단하다는 생각이 든다.

내가 아는 젊은 사업가는 자신의 롤모델을 정하고 롤모델이 하는 대로 따라 하기 시작했다. 스타벅스에서 아침을 시작하는 일, 집안에 금고를 사두는 일, 멋진 명품가방을 사고 멋진 쇼핑을 하는 일, 무엇보다도 부자언니가 가진 성공 마인드를 따라 하고, 성공 습관들을 따라 하면서 점점 더 변해가는 멋진 성공자가 되어가는 것이 눈에 띌 정도다. 부자들과 어울리고 진정한 부자의 모습을 보면서 따라만 해도 부자가 된다고 믿고 행동부터 한다. 자신도 부자가 되는 길을 선택한 것이다. 그리고 부자들의 대열에 들어가기 위한 노력을 하기로 결정한 것이다.

많은 부자는 자신보다 사회적으로 성공한 부자들을 많이 만나라고 조언한다. 다른 사람보다 빨리 성공한 사람은 인간관계가 갖고 있는 힘을 잘 이용하고 있다고 말한다. 좋은 기회와 정보, 그리고 돈은 대체로 사람을 통해서 온다. 나보다 먼저 부자의 길을 간 사람들은 비슷한 사람들과 사귀고 싶어 한다. 부자들의 대열에 들어가기 위해 부자들이 갔던 길을 따라가면 될 일이다. 내 주변에 그런 사람이 없다. 있으면 소개 시켜주라고 하는 사람들도 있다. 미안한 이야기지만 그렇게 말하는 친구에게는 부자친구가 생겨도 설령 부자 친구를 누군가 소개해줘도 부자들이 그 사람들과 어울리고 싶어 하지 않을지도 모른다.

  나는 먼저 자신이 부자가 되고자 하는 마음을 먹는 것이 우선이라고 생각한다. 그리고 부자가 되려는 마음을 끊임없이 갈망해야 한다. 부자들은 어떻게 해서 부자가 되었는지 관심을 가지고 부자들의 조언을 듣고 실행하려고 해야만 한다. 함께 같은 일을 하는 사람들 중에는 언제나 돈을 많이 벌고 싶어 하고 빨리 돈 버는 방법을 이야기해달라고 한다. 나는 이럴 때마다 빠르게 떠오르는 속담이 있다. '번갯불에 콩 볶는다, 바늘 허리 매여 못 쓴다, 우물에서 숭늉 찾는다' 아무런 노력 없이 대가를 얻을 수는 없다. 그런데 정작 일을 가르쳐줘도 본인이 하고 싶은 대로 하다가 일을 그르치는 경우가 많다. 방법을 가르쳐달라고 해서 내가 일해왔던 방법을 가르쳐줘보지만, 알려주는 방법대로 하지 않았거나, 일정한 시간이 지나고 성과가 없으면 안 되는 일이라고 생각하고 금세 포기한다. 그 과정에서 가장 크게 영향을 주는 사람들은 그 일을 실패한 사람들이다. 실패한 사람들의 이야기에 끌려서 부자가 되는 일을 게을리 하거나, 하면서도 자신의 방식을 고집하면서 살아간다.

  결국, 어떤 곳에서 실패한 사람들은 부자가 되는 길을 먼저 가본 사람의 말을 듣지 않고 스스로 개척하려는 마음이 훨씬 크다. 무엇을 하든 어떤 직업을 가졌든 그 분야에서 부자가 되고 성공한 사람들의 이야기를 들어야 한다. 그들처럼 성공하고 부자가 되려면 그대로 따라 하는 일이 가장 쉬운 일이다. 가끔 뜻대로 안 될 때가 많을 수도 있다. 그러나 그 분야에서 부자로 성공한 사람들은 어떻게 하면 잘 극복할 수 있을지에 대한 방법도 잘 알 것이다.

돈은 벌고 싶어 하고, 힘든 일을 하지 않으려하고, 부자는 되고 싶은데, 가난해질 수밖에 없는 행동들을 따라 하다 보니 부자의 길은 점점 멀어지는 것은 아닐까? 부자 마인드를 가진 사람들을 만나는 것은 인생에서 성공과 행복을 가지기 위해 꼭 필요하다. 자신의 인생 부자 목록에 유력한 사람이 얼마나 많이 있는가? 몇 명 없을 수도 있다. 하지만 찾으려고 애를 쓰고 그들이 찾는 부자의 대열에 들어가기 위해 노력하다 보면 반드시 찾을 수밖에 없다. 부자가 되기를 간절히 소원하는 사람들이라면 말이다. 일을 하다 보면 성공하는 과정에 부자가 되는 단계가 있는 것 같다. 힘든 일을 하면서도 성실하게 지금 자신이 하는 일에 최선을 다하는 동안에 만나지는 단계의 사람들이 그 처음 단계이다. 한 가지 일에 10년 이상씩 종사하면서 부자가 된 분들이다. 부자가 되었음에도 끊임없이 같은 일을 반복하면서 자신의 일을 성실히 누군가에게 전수하기도 한다.

착실하게 모은 돈으로 돈이 저절로 일하게 하는 시스템을 갖추는 일을 한다. 노동으로는 더 이상 돈을 벌 수 없다는 '파이프라인 우화'에서 나오는 브루노와 파브르의 이야기를 떠올려봐도 그렇다. 우리의 몸은 당연히 나이 들어가면서 노화되고 병에도 걸린다. 내가 원하지 않은 일들을 겪게 되어 가진 재산을 모두 잃게 되기도 한다.

최고의 부자들은 노동으로 돈을 바꾸는 단계를 지나 온 사람들이다. 그리고 그 돈이 자신을 위해서 일하게 하는 시스템을 갖추게 한다. 모든 부자들은 이런 단계를 거쳐 타인의 삶에 영향력을 끼치게 된다. 그리고 부자가 되고 싶은 사람들에게 조언한다. 지금 자신이 있기까지 사례들을 말한다. 모두가 진심을 다해 하는 말을 따라 하기만 해도 누구나 간절히 원하는 부자가 되는 길은 그만큼 가까워지리라 확신한다.

08

행복한
부자가 되려면
좋아하는 일을 하라

나는 지금도 새벽 4시 반이 되면 눈이 떠진다. 남들은 어렵게 하는 미라클 모닝이 나에게는 자연스러운 습관이 되어버렸다. 그러한 이유는 형편이 어려워서 고등학교에 겨우 진학할 수 있는 계기가 되었던 신문 배달 일을 했기 때문이다. 처음엔 학교에 갈 수 있다는 이유만으로 시작하게 되었다. 함께 시작한 친구들이 8명이나 있었다.

그래서 위로가 되기도 했지만, 시간이 갈수록 하나둘씩 그만두고 8개월쯤 되니 나만 남게 되었다. 친구들은 힘들면서 돈벌이가 되지 않아 일을 그만두었다. 나도 사실은 정말 너무 힘들어서 '그만둘까?' 여러 번 생각하고 망설였다.

매일 아침 새벽 4시 반이 되면 어김없이 일어나야 했다. 아침에 눈을 뜨기 힘들어서 수없이 망설이며 자취방 대문을 나설 때마다 힘이 들었다. 이른 새벽에 가장 허름한 츄리닝을 걸쳐 입고 어두운 새벽 골목길을 갈 때면 엄청 무서웠다. 생각해보니 그때 나는 걸음걸이도 엄청 빠르고 투박한 걸음으로 걸었다. 무서운 마음에 남자처럼 거칠게 보이려고 일부러 애를 쓰며 살았다. 머리도 짧은 숏커트만 하고 다녔다. 나는 그렇게 고등학교 졸업을 하기 위해 3년이나 신문 배달 일을 했다. 그러다 보니 학교생활의 기억이 희미하고 고등학교 친구는 아예 없다.

학교를 그렇게 다니는 내내 나는 주말에 시골집에 가는 재미도 느낄 수 없었다. 나와 같은 일을 하지 않는 친구들, 학교만 다니는 친구들은 매주 토요일 오후면 자취방을 벗어나서 시골집을 내려가는 경우가 대부분이었다. 하지만 내가 다니던 신문사는 일요일 아침까지 신문을 배달하고 월요일이 쉬는 날이었다. 그러다 보니 일요일 새벽에 신문 배달 일을 마치고 아침이 되어야만 시골집에 갈 수 있다. 친구들은 다시 자취방으로 돌아오는 시간에 나는 내려가야 하기 때문에 친구들을 만날 수 있는 기회마저도 없다. 그래서 나는 주말에도 다른 친구들과는 다른 생활을 해야만 했다.

가난 때문에 힘들게 살 수밖에 없었던 시간은 제발 빨리 흘러서 내가 어른이 빨리 되기를 간절히 바라던 시간이었다. 20대에도 그리 순탄치 않은 시간을 보내면서 좀 더 즐겁게 사는 방법을 알지 못했던 것 같다. 언제나 불만과 부정이 많았던 시기였다. 내가 무엇을 하고 싶은지 어떻게 살고 싶은지도 모른 채 그냥 주어진 대로 살아갈 수밖에 없었다. 가슴 한구석에서 올라오는 욕구가 무엇인지 뚜렷하게 알지 못했다. 나는 늘 현실을 부딪치는 것보다, 피할 방법만을 생각했던 것 같다. 그래서 결혼을 서둘러 선택했었다. 가정을 이룬다는 의미도 모른 채 말이다.

나는 자신을 알지 못하면, 하고 싶은 일이 무엇인지도 찾기 어렵다고 생각한다. 그러다 보면 좋아하지도 않은 일을 선택하고 생계형 일자리를 찾을 수밖에 없다. 즐거워서 하는 일들이 아니라 마지못해서 하는 일이기 때문에 행복할 리도 없다. 평범한 사람들은 부자가 되는 길이 늘 멀리 있는 것처럼 저 무지개 너머 파랑새를 찾아서 어디론가 늘 떠나려고만 한다. 하지만 나는 자신이 무엇을 하고 싶은지를 아는 것이 우선이라고 생각한다.

주위의 부자들이나 수많은 자수성가형 부자들은 자기가 좋아하는 일을 하면서 돈을 버는 사람들이다. 그들도 자신이 처음부터 좋아하는 일을 했던 것이 아니라 자신이 하는 일에 항상 최선을 다했던 사람들이다.

평범한 사람들은 처음부터 자신이 좋아하는 일을 찾기보다는 사회적으로 인정받는 직업을 찾아 나서는 사람들이 많다. 어떤 이들은 노래를 좋아해서 가수가 되고 싶었지만, 가수와 아무 상관없는 의사가 되기도 한다. 대학에서는 경영학을 공부했으나, 병원에서 간호사로 일하기도 한다. 또 내 친구 J는 개그맨이 되고 싶었지만, 우연한 기회에 공무원 시험에 합격해 33년째 공무원으로 평범한 삶을 살고 있다. 하고 싶은 일인지 적성에 맞는 일인지 생각하지 않고 인생에서 유리할 것 같은 직업을 선택한다.

누구나 좋아하는 일을 할 때와 좋아하지 않는 일을 할 때는 에너지가 다른 것 같다. 좋아하는 일을 하는 사람들은 힘이 넘치고 누가 봐도 즐거워 보인다. 반면 싫어하는 일을 하는 사람들은 점점 힘이 없고 자신의 매력마저도 잃어버린다. 좋아하는 일을 하는 사람들은 주변 사람들을 행복하게 하는 힘이 있다. 좋아하는 일을 하면 틀림없이 즐거운 에너지가 넘쳐서 목소리만 들어도 덩달아 즐겁다.

예를 들면 식사를 하기 위해 우연히 들어간 식당에서 손님을 대하는 태도를 보면 기분 좋은 식사를 할 수 있을지 없을지 가늠하게 된다. 그리고 손님을 대하는 태도에서 맛도 결정되는 것 같다. 주인이 환하고 밝은 표정으로 목소리 톤을 한껏 높여 손님을 맞아주는 곳은 설령 음식 맛이 평범하다 할지라도 또다시 찾고 싶은 곳이다. 반면 음식은 맛이 있으나 불친절한 곳은 다시는 가고 싶지 않다. 둘 중 어디를 가고 싶은가? 누구나 무엇이든 열정적으로 살아가는 사람에게 끌리기 마련이다.

사람들은 누구나 싫어하는 일을 직업으로 선택하는 순간 자신에게 징역형을 선고하는 것과 같다. 월요일부터 금요일까지 자신의 인생을 대부분 허비한다는 생각이 든다. 싫어하는 일을 하는 사람들은 누구에게나 티가 난다. 마지못해서 도살장에 끌려가는 소처럼 보인다. 나 역시도 고등학교를 졸업하기 위해 해야만 했던 신문 배달 일은 죽기보다 싫었다.

하지만 내가 얻을 결과물을 생각해야만 했다. 그리고 그 일은 내가 살아가야만 하는 삶의 한 과정이지 끝은 아니라는 생각을 했다. 그래서 나는 당장이라도 그만두고 싶었지만 열심히 최선을 다했다. 20대에 직장 생활 5년을 하면서 나는 늘 시간이 자유로운 일을 찾았다. 언제든 하기 싫은 일을 하는 것은 불행한 삶이라고 생각했다. 내심 시간도 많으면서, 돈을 많이 받을 수 있는 일이 있을까도 생각했었다.

유명한 '철강왕 카네기'도 전신 기사 일이든 우편 배달일이든 가리지 않고 일을 하면서 언제나 그 일에 최선을 다했다. 그러나 자신은 하는 일에 안주하지 않고 자신이 좋아하는 일을 찾아서 직업을 옮기면서 마지막에 천직인 철강 분야에서 철강왕으로 불리게 되었다고 한다. 그가 더욱 위대하다고 생각하는 것은 거기에 안주하지 않았다는 것이다. 만약 그가 우편 배달 일과 전신 기사 일이 자신이 할 일이 아니라며 적당히 했다면, 분명히 다음 기회를 잡을 수 없었을 것이다.

사람들은 누구나 행복하길 원한다. 행복이란? 사전적 의미는 '생활에서 충분한 만족과 기쁨을 느끼어 흐뭇함. 또는 그러한 상태.'이다. 그렇다면 행복한 부자는 어떤 사람일까? 자신이 좋아하는 일을 하면서 돈까지 버는 일을 하는 사람은 아닐까? 예를 들어 노래를 좋아해서 가수가 되어 유명해지고 좋아하는 노래를 실컷 하면서 돈을 벌고, 춤을 추는 것을 좋아해서 마음껏 춤을 추는 것으로 돈을 벌어들이는 것이다. 이렇게 자신이 좋아하는 일을 업으로 삼는 것이다.

혼다 켄의 저서 『돈과 인생의 비밀』을 감명 깊게 읽었다. 그가 책에서 하는 핵심적인 말은 "진정으로 행복한 부자가 되려면 자신이 가장 좋아하는 일을 하라. 잘하는 일이 아닌 좋아하는 일을 하라. 좋아하는 일을 하면 행운이 따른다. 파랑새는 멀리 있지 않고 곁에 있다."라고 말한다.

그의 말을 들어 보면 "인생에서 길을 잃었을 때 무엇을 하면 즐거울까를 가슴에 손을 얹고 자문해보라. 그리고 자신의 심장 소리를 인생의 나침반으로 삼고 심장이 두근거리며 뛰는 소리를 느껴보게. 아무것도 들리지 않는다면 자네가 너무 바쁘기 때문이라네. 자네 심장이 번잡스러운 일상 생활에 너무 시달려 조용한 소리가 사라져버린 것이지. 그럴 때는 마음을 가라앉히고 심장 소리에 귀를 기울여야 하네. 심장 소리가 자네의 인생을 인도하고, 눈앞의 길을 열어 펼쳐줄 것이네."

진정 행복한 부자가 되려면 좋아하는 일을 하는 것이다. 하지만 지금 자신이 좋아하는 일을 하고 있지 않다고 해서 행복한 부자가 되지 못할 거라는 생각을 하며 좌절할 필요는 없다. 자신이 진정 무엇을 원하는지 자신의 폐부에 꼭꼭 숨겨져 있는 이야기를 꺼내라. 그리고 누르지 말고 계속 말하라. 마음속에 있는 말들을 계속 입으로 말하라.

그리고 지금 하는 일에 최선을 다하며 즐겁게 일하라. 분명히 다음은 당신이 행복한 부자가 될 차례임을 믿어보라.

4장

행복한 부자는
돈 그릇이 다르다

돈 그릇을 키우면
저절로
부자가 된다

돈 많은 부자만 되려고 한다면 욕심 그릇만 큰 사람일까? 돈 욕심이 많아서 무조건 재산을 모으고 작은 것도 누군가에게 베풀 수 있는 작은 나눔조차 아까워하는 사람들이 있다. 누가 봐도 이 정도는 해도 되겠다 싶은데도 좀처럼 자신의 지갑을 열지 않는다. 과연 이런 사람을 부자라고 할 수 있을까? 우리가 잘 아는 욕심쟁이 스크루지나 '놀부'처럼 돈만 많은 부자로만 보인다. 그러나 돈만 많다고 해서 부자라고 부를 수는 없는 것일까? 돈만 많으면 예전부터 '졸부'라고 불렀다. 졸부의 뜻은 갑자기 벼락부자가 된 사람이다. 급하게 된 부자라서 자수성가형 부자는 아니다. 그렇다면 우리는 어떤 부자가 되기를 원하는가?

큰 부자는 하늘이 내린다는 말도 있다. 우리가 아는 큰 부자는 재벌, 즉 현대, 삼성, SK 등 금수저 집안이다. 작은 부자는 금수저 집안은 아니지만 노력해서 부자가 되는 사람들이다. 수많은 성공자들은 작은 부자의 자리를 차지하고 있다. 하지만 잘 나가는 사업체나 일에도 굴곡이 있다 보니 누구나 안정적이고 지속적인 부자가 되기를 꿈꾸고 있다. 그러다 보니 부자들은 자신이 가진 마인드의 차이에 의해 자신이 가진 부를 지킬 수 있을지 없을지 결정되는 것 같다.

부자 중에는 돈을 잘 사용하는 사람들도 있지만 돈을 바르게 쓰는 방법을 모르는 사람들도 있다. 그래서 자신의 돈을 지키지 못하는 사람들도 있다.

요즘 신흥 부자에 대한 이야기를 들은 적이 있는가? 주식이나 그 밖의 투자사업, 전문직 등을 통해 부를 축적한 부자들을 일컫는다. 그러다 보니 투자성향이 대단히 공격적인 투자형이라고 한다. 또 배고픈 부자와 겉치레 부자가 있다고 한다. 배고픈 부자는 엄청난 재산을 가지고 있으면서도 10원 쓰는 것에 절절 매며 먹는 것은 밥과 김치가 전부고 입는 것은 작업복 수준이 전부인 부자이다. 그들은 오로지 자식에게 재산을 물려주는 것이 인생의 목표이며 이를 위해 자신 스스로를 옥죄며 사는 사람들이다. 겉치레 부자란 자신의 부를 과시하며 사는 부자들이다. 이들은 모두가 부러워할 만한 대형주택에 떵떵거리고 살면서 화려한 외제차를 몰고 다니며 부를 과시한다. 말로는 남을 위해 살고 싶다고 말하지만 정작 죽을 때까지 남을 위해서는 돈 한 푼 쓰지 않는 경우가 태반이다. 안타깝게도 우리나라 부자의 대부분이 이런 모습이라고 한다.

좋은 부자와 나쁜 부자가 있다. 좋은 부자란 돈을 바르게 잘 쓰는 방법을 알고 이에 따라 실천하는 부자들이다. 이로 인해 좋은 부자들은 많은 사람의 귀감이 되며 사회에 좋은 영향을 준다. 반면 나쁜 부자는 오로지 돈을 위해서 수단과 방법을 가리지 않는 부자들이다. 돈 때문이라면 가족 간 소송도 불사하며 법도 무시하면서 돈을 지키려고 하는 사람들이다.

졸부, 갑부, 좋은 부자, 나쁜 부자, 배부른 부자, 겉치레 부자, 다 상관없다. 돈만 많이 있기라도 해봤으면 하는 사람들도 있다. 그만큼 돈에 대한 갈증은 가난한 사람들에게 더 있다는 생각이 든다. 누군가는 '부자는 돈과 성공을 생각하지 않는다.'라고 했다. 가난한 사람들이 오히려 부자가 되려고 돈만 좇는다. 큰 투자든 작은 투자든 특별한 지식 없이 자신보다 그 분야에 좀 더 아는 것처럼 보이는 사람들을 믿고 투자한다. 그러다 보면 가지고 있던 돈마저 제대로 지키지 못한다. 내 주위에서 그렇게 힘들게 사는 사람들을 많이 만난다.

내 주변의 한 분은 가장 최근에 V 회사를 만나서 가족이 모두 돈을 투자하게 되었다. 심지어 내게도 투자를 권유하던 지인이었다. 더 많은 투자를 말리고 싶었는데 내 말을 들을 것 같지 않아서 아무 말을 못했다. 15년을 알아온 지인이다. 내가 가장 힘들 때 화장품 방판을 시작하면서 전화로 만난 고객이었다. 우연히 인연이 되어서 지금까지 자녀 결혼, 명절 선물 정도는 챙기고 산다. 시골에서 공무원이신 남편과 두 아들을 훌륭하게 키우신 분이다.

지금까지 우리 회사 화장품 소비자이기도 하다. 성실하게 돈을 벌어서 시골에서 건물을 가지고 체육사를 운영한다. 동네에서는 인심 좋고 성품 좋은 사모님이다. 나는 이렇게 성실한 언니가 유사수신행위 업체에 현혹되었다는 사실도 놀라웠다. 그런데 내가 거절하는 멘트가 기분 나쁘다며 장문의 메시지를 보냈다. 나는 너무나 충격을 받았다. '나랑 인연을 끊겠다는 통보였다.' 돈에 눈이 휘둥그레져서 현실에서 지켜야 할 선을 서로 지키지 못해 몹시 나는 안타까웠다.

내심 나는 그 언니의 투자가 어느 수준에서 멈추고 조금씩 정리하는 단계가 되기를 바랐다. 그 일이 있은 지 얼마 후 몇 달도 되지 않아서 V 회사는 유사수신 업체로 수사를 받을 수밖에 없었다. 수많은 피해자를 낳았다. 최근에 지인과 연락을 해보니 투자한 돈을 제대로 찾지 못했을 텐데 그래도 씩씩했다.

요즘 이렇게 돈을 좇는 사람들이 많아져서 또 다른 이들을 현혹하며 일확천금을 노리는 사람들이 늘어나고 있다. 대부분 먹고사는 정도의 돈을 가지고 있다. 사람들이 일은 하기 싫고 적은 돈이 굴러서 큰돈이 되기를 바라는 심리이다. '세상에 절대로 공짜는 없다.' 이 명언은 나는 언제나 가슴에 새기고 산다. 지금 시중금리가 매우 낮다 보니 적은 돈을 투자하려는 사람들은 더 현혹하기 좋은 먹잇감이다. 상식선에서만 생각해보면 좋을 텐데 사람들은 언제나 '내가 설마?' '내 돈은 안전하다.' 생각하는 어리석음이 자신을 지배하고 있는 지도 모른다.

나도 한두 번 속아봤던 시절이 있었다. 지금에 와서 생각해보면 가장 마음이 약하고 순진한 사람들이 훨씬 더 많은 손해를 본다. 한번 겪은 일은 두 번 다시 겪지 않으려는 성격이다 보니 나는 경험한 것을 되돌려 보고 속지 않으려고 했다. 그리고 어리석은 내 탓을 했다. 지푸라기라도 잡고 싶을 만큼 가장 힘들 때 언제나 유혹은 오는 것 같다.

무지한 사람들을 현혹하고 그런 회사를 차리는 사람들의 농간에 넘어갈 수밖에 없다. 그럴싸한 이유를 내세운다. 심지어는 '완도 앞바다 깊은 물 속에 고려청자들이 묻혀 있다. 보물들을 꺼내면 수익이 어마어마한 이익이 생긴다. 바다에서 모래를 실어 나르는 바지선 사업에 투자하면 그것으로 수익을 세 배까지는 준다.'는 이야기까지, 정말 그럴싸한 이야기들로 타인의 주머니에서 돈을 빼낸다. "정말 저런 말에 속는다는 말이야?" 할 정도로 실체도 없는 것을 가지고 그들은 얼마든지 남의 돈을 함부로 우습게 빼낸다. 지금도 그런 수법들이 통하고 있다는 사실에 나는 더 한탄스럽다. 그래서 나는 늘 말한다. 당하지 않으려면 상식선에서만 생각하면 된다고 말이다.

누구나 부자가 되려는 욕심은 당연히 있어야 한다. 그 당연함이 자신의 것이 되기까지는 갖춰야 할 것들은 반드시 갖춰야만 한다는 생각을 한다. 누구나 환상에 젖어 일상을 흩트리며 돈을 좇기만 하고 '언젠가는 부자가 될 거야'라는 말을 입에 달고 살면 부자의 길은 멀어진다. 삶에 쫓기고 조급한 마음이 들 때는 더 조심해야 할 시기이다. 마음이 조급해지면 신중하지 못해서 달콤한 유혹에 흔들리기 쉽기 때문이다.

다른 이들보다 성공하고 부자가 되고 싶다면 먼저 되고 싶은 것이 무엇인지 확실한 의지가 필요하다. 자신을 먼저 믿고 확신하는 믿음이 중요하다. 누군가에게 부자가 되겠다는 자신을 당당히 밝히고 말한다. 그래서 항상 나는 긍정을 말하고 성공을 확언한다.

자신이 어떤 부자가 되고 싶은지를 생각해보라. 오로지 돈만 좇는 자신의 모습을 원하지 않을 것이다. 그렇다면 부자가 되는 길목에서 올 수 있는 시련도 받아들일 준비도 해야 한다. 돈을 잘 지키고 돈으로 돈을 버는 시스템도 구축하며 평생 돈이 자신의 곁을 떠나지 않도록 돈을 다루는 방법도 미리 공부하자. 돈이 마르지 않는 파이프라인을 구축해줄 수 있도록 좋은 일들을 하자. 다른 돈을 내게로 많이 데려오도록 하자.

부와 성공을 담을 그릇을 준비하지 못한 사람은 눈앞에 기회가 와도 이를 담을 수 없다. 얼마나 큰 부자가 되기를 원하는가? 어떤 부자가 되기를 원하는가? 자신의 부를 어떤 그릇에 담고 싶은가? 이왕이면 큰 그릇을 준비하라. 돈 그릇을 키우면 저절로 부자가 된다. 작은 그릇은 빨리 채워진다. 큰 그릇을 채우려면 그만큼 오랜 시간이 필요하다. 큰 그릇보다 빨리 채워진 다른 사람의 작은 그릇을 보면서 조급해하지 말자.

02

행복한 부자는
자존감부터
다르다

세상을 살아가면서 우리는 늘 행복할 수만은 없을 것이다. 사람들과의 인간관계에서도 우리는 행복한 마음도 불행한 마음도 들 때가 있다. 세상을 살아가면서 우리는 여러 사람들과 어울려야 하고 좋은 관계를 가져야 한다. 하지만 어떤 이들은 사람과의 관계를 잘하는 것을 힘들어해서 세상을 사는 일은 만만한 일이 아닌 것 같다. 어떤 사람들은 '내가 가까이 가도 될까? 아니면 저 사람이 나를 싫어하면 어쩌지?' 하는 생각에 쉽게 다가가지 못하는 경우도 많다. 이런 생각을 가진 사람들을 나는 자주 본다. 나 역시도 그런 시절이 있었다. 누가 "나를 어떻게 생각할까? 내가 한 말에 대해 어떤 생각을 할까?" 당연히 궁금할 수도 있다. 그런데 그것이 타인이 나를 평가하는 것에 대한 두려움인지 아닌지를 생각해야 한다. 나도 이런 두려움을 가지고 있을 때는 자존감도 바닥이었고 사는 환경도 그다지 좋지 않을 때였다.

같은 일을 하는 친구 중에는 두 부류가 있다. 언제나 자신이 하는 일을 당당하게 말하고 자신의 생각을 말하는 사람과, 매사에 자신의 생각을 우물쭈물하면서 낮은 목소리로 말을 하는 사람이다. 같은 상황에서 같은 주제를 가지고 이야기를 하지만 그들의 표현은 느낌이 다르다. 매사에 자신감이 넘치는 사람은 목소리 톤부터 다르다. 걸음을 걸을 때도 어깨를 움츠리지 않는다. 조금 틀렸다 해도 빨리 사과할 줄도 안다. 어떤 사람이 되고 싶은가?

노먼 빈센트 필 박사는 이렇게 말했다. "만일 우리의 머리에 패배감이 떠오르거든 그러한 생각에서 아예 몸을 피하라. 패배를 생각하면 실제에서도 패배당하기 때문에, 오히려 패배는 있을 수 없다는 태도를 보여야 한다."

어떤 젊은 친구는 과거에 얽매여 자신의 자아를 작게 생각하고 스스로 부정적이다. 그러다 보면 시야가 좁아져서 무엇을 시도하더라도 자신감이 없다. 심지어 하는 일마다 자신감 없는 것은 둘째치고 스스로 위축되며 살기도 한다. 이렇게 자신의 이미지를 과소평가하는 것을 보면 매우 안타깝다.

상담을 하다 보면 누군가에게 다가갈 때마다 상대의 반응에 많은 집착을 미리 한다. 그리고 미리 지레 겁을 먹고 할 이야기도 제대로 못 한다. 이러다 보니 감정 기복도 심해서 일을 하다 말다 한다. 욕심과 의지만 많아서 자신을 학대하는 일에 시간을 보낸다.

나도 20대 초반에는 이렇게 살았다. 마음은 늘 무엇인가를 잘하고 싶고 잘 해낼 것도 같은데 '안 되면 어떡하지?'가 늘 이면에 깔려 있는 삶을 살았다. 무엇을 해도 끝을 보지 않고 시도는 하지만 하다 말다 하기가 일쑤였다. 매사에 두렵고 자신이 없었다. 매번 환경 탓을 하면서 자신에게서 문제를 찾지 않으려는 고집불통으로 억세게만 살았던 것 같다.

지금 생각해보면 나는 낮은 자존감을 가지고 있던 사람 중 하나였다. 자신에 대해 건강한 태도가 없는 자기혐오가 많은 상태였다. 낮은 자존감을 가지고 살다 보니 내 자신의 능력을 인정하지 못하고 살았다. 내가 처한 현실을 인정하지 않으려는 마음이 강했던 사람이었다고 생각을 한다. 시간을 부정하고 싶지만 가난에 대한 열등감으로 똘똘 뭉쳐 살던 고등학교 시절부터 나를 형성해온 것은 아닌가 생각해본다. 그렇게 20대가 되어도 깨닫지 못하고 살았던 것이다. 그 결과 나는 스스로 부족함을 인정하지 못하면서 더 고통스럽게 살았다.

나는 가난에 의한 열등감을 먼저 인정하고 극복하는 방법을 찾아야 했었다는 생각이 든다. 먼저 부자가 되려는 마음을 가지고 부자가 되는 길을 찾아서 공부해야 한다. 나는 학벌에 대한 열등감도 많았던 것 같다. 배움에 대한 욕구를 제대로 채우지 못해서 아쉬워하던 시절이 잠시나마 있었다. 살아가는 방법을 누군가에게 배우고 익힐 수 있게 도와주는 주변인들이 있었다면 하는 아쉬움도 많다. 나에겐 그것마저도 불만으로 작용해서 다음 할 일들을 찾지 못하고 과거에 얽매여서 살기 바빴다. 변하기 위해 혼자 노력하고 제대로 된 방법을 찾기가 어려웠다. 만약 찾았더라도 지속적으로 노력하지 않았다는 것을 깨달았다. 내가 심한 좌절감으로 살던 건 30대에도 마찬가지였다. 나는 언제나 앞으로의 삶을 계획하는 일을 우선순위에 두지 않았음을 인정하게 되었다. 그렇게 긴 시간을 나는 자존감이 높아지지 않는 현실에 많은 영향을 받고 살다 보니 자존감은 점점 바닥이 되어갔다.

어느 날 나는 아는 언니를 통해서 깨달은 것이 있다. 대화를 하다가 과일을 먹을 때도 항상 먼저 가장 좋은 부분은 자신이 먼저 먹고, 갈치 생선을 먹을 때도 항상 살이 많고 통통한 부위도 언니가 먹는다고 했다. 아이들은 앞으로 우리보다 살날이 더 많아서 굳이 좋은 걸 먹이려고 할 필요가 없다고 했다. 갑자기 나는 아주 사소한 것에서부터 어떻게 하는지 생각해봤다. 어렸을 때부터 우리는 부모님들에게 자신보다 자식들을 먼저 생각하는 삶을 보고 자란 탓일까? 나를 먼저 생각하고 우선 좋은 것부터 먹는 일이 없었던 것 같다. 심지어 밖에서 우연히 정말 맛있는 식사 대접을 받고 나면 언제나 식구들에게 미안해했던 기억이 있다. 오랫동안 몸에 익숙해진 일들이 쉽게 변하지는 않았다. 나는 이런 사람들을 이기적인 사람들이라고만 생각했던 것 같다.

시간이 지나면서 나는 그들이 이기적인 것이 아니라 자기 자신을 먼저 사랑하는 자존감으로부터 나오는 행동이었다는 것을 인정하게 되었다.

그 후로 나는 조금씩 점점 내 삶에 변화를 시도했다. 나를 위한 일들이 무엇인지를 배웠다. 예를 들면 한 달의 수익을 얻고 나를 위해 선물하는 일을 했다. 명품가방을 사고 이쁜 옷들을 사면서 나에 대한 보상을 하는 방법을 찾았다. 맛있는 음식을 먹을 때도 가장 좋아하는 부위부터 먹는 행복감을 소소하게 쌓아보았다. 마음에서 무엇을 원하는가를 스스로 물어봤다. 좋아하는 것들을 하고 싫어하는 것들은 하지 않으려고 의도적으로 노력했다. 그 결과 나는 정말 놀랍게도 조금씩 변해갔다. 나부터 나를 사랑하지 않았다는 생각이 들어서 먼 길을 돌아 아주 작은 행복을 느끼는 시간들이 많아지면서 내 존재감을 느끼게 되었다.

이런 작은 실천을 통해 절망의 끝에서도 일어설 수 있었다. 내 자존감이 조금씩 상승되고 내 삶을 누구도 대신해줄 수 없다는 것을 알게 되었다. 나의 존재가 귀하게 여겨지고 소중한 자신을 발견하고 나부터 사랑하는 법을 알고 난 후 나의 삶은 자신감으로 넘치기 시작했다.

나는 언제나 부자가 되고 싶었다. 그리고 누군가와 나누는 부자들의 삶은 나의 모델이었다. 나눈다는 것이 크게 기부를 하거나 신문이나 TV에 대서특필되는 그런 일만 있는 것은 아니다. 내가 살아온 삶으로부터 깨달음이나 어렵고 힘들 때 어떻게 이겨냈는지 정신세계를 나누는 일들도 나눔이다. 자신에게 가진 무엇인가를 나누고자 하는 마음이 있어도 정말 행복하다.

내 직업은 내가 잘되려면 나랑 함께 일하는 사람들이 더 잘되어야만 하는 일이다. 그리고 내가 잘되면 나와 함께 하는 회사는 더욱더 잘되는 일이다. 이런 이유에서 내가 하는 일을 정말 사랑한다. 누군가의 꿈을 응원하고 진심을 다해 그들이 잘 되기를 간절히 바라며 함께 가는 일이다. 나는 점점 더 부자가 되어가고 있다. 누구보다 자존감이 낮았던 내가 나를 사랑하기 시작하면서부터 점점 더 세상을 사는 지혜와 용기가 생겼다. 존재를 감사하며 살기 시작하면서부터 누구도 사랑할 수 있었다. 내가 건강한 자존감을 지닌 삶으로 살기 시작한 것은 자신의 부족함을 인정하고 수용하는 마음을 가졌을 때이다.

만약 부자가 되고 싶다면 자존감이 얼마나 자신의 가치를 높이는 일인지 알아야 한다. 자존감이 낮은 사람들이 아무리 많은 돈을 가지고 있더라도 행복하지 못하다는 것을 먼저 알기를 바란다. 자존감은 인생을 살면서 가장 중요한 삶의 지표이다. 자신의 가치를 높이려는 마음이 자존감이다. 자신의 가치가 높아지면 자신이 원하는 모든 것을 이룰 수 있는 원천이 된다는 것을 나는 믿는다. 행복한 부자들은 자존감부터 다르다. 어디서나 위축되지 않고 자신이 하고 싶은 말을 당당하게 정리해서 말을 한다. 자존감이 높은 사람들은 타인들과 관계를 잘한다. 자신의 삶을 타인과 비교하지 않고 오직 자신의 행복한 삶을 사는 데 집중한다. 타인의 성공을 진심으로 응원하고 축하해준다. 자존감이 높은 사람은 매사에 긍정적이고 행복하다. 행복한 부자가 되기를 원한다면 소중한 자신의 자존감부터 높이는 일부터 하기로 하자.

03

행복한 부자는
돈 그릇이
다르다

인생이 영원하다고 생각하는가? 정답은 그렇지 않다. 그렇다면 주어진 시간 안에 부유하고 행복하게 살아가기 위해서는 무엇을 해야 할까? 내가 가장 어렵고 힘든 시기를 거쳐 정말 놀랍게 풍요로운 삶을 누리면서 살고 있을 때 P가 나에게 '정말 평안해 보인다. 이런 마음과 여유는 돈을 많이 벌어서 생긴 것인가, 아니면 돈을 벌기 전부터 여유로운 마음을 가지고 있기 때문에 돈을 벌게 된 것인가?' 하고 물었다.

나는 이 질문에 쉽게 대답을 하지 못했다. 그리고 나는 돈이 없을 때, 가난하다고 느낄 때, 어떤 말과 행동을 했었을까? 스스로 질문을 던져

보았다. 결국 그 친구는 내게 '돈이 있으면 다 여유 있게 말하고 행동한다.'는 대답을 듣고 싶어서 질문했다는 것을 알고 있었다.

그 친구가 듣고 싶어 하는 대답을 해주려다가 나는 깊이 생각했다. 지난 시간은 내가 돈을 벌기 위해 노력하고 열심히 살아도 돈이 잘 벌리지 않을 때가 많았다. 그때 나는 돈을 벌기 위해서 과거보다 더 많은 일을 하지는 않았다. 일하는 시간을 더 많이 늘린 것도 아닌데 더 많은 돈을 벌었다. 단 한 가지 다른 점은 처음엔 내키지 않았지만 일을 즐겁게 하기로 마음먹었다는 것이었다. 그런데도 내게는 엄청난 돈이 벌리기 시작했다. 그래서 나는 매번 누군가를 만나면 나는 운이 좋은 사람이라고 말하고 어차피 일하는 것 즐겁게 하자고 마음먹었다. 즐겁게 일을 하다 보니 더 많은 사람이 함께하게 되고 돈은 내가 1년 연봉으로도 벌어 보지 못한 돈을 월급으로 벌고 있었다.

나는 매번 꿈인가 생시인가 싶어 스스로 내 볼을 꼬집어볼 정도였다. 통장에 입금된 돈을 몇 번이나 쳐다보면서 며칠째 돈을 찾지 못하고 있을 때도 있었다. 그리고 어쩌다 한 번의 수익이 아닌 매월 계속 그 이상의 수익을 유지했다. 1년 동안 벌어들인 수익으로 60평 아파트를 사고, 두 아이들과 함께 사는 소망을 이뤘고, 두 아이들을 유학을 보낼 수 있었다. 그동안 아이들과 떨어져 있던 고통스러웠던 시절을 잊을 수 있었다.

함께 할 수 없었던 시절만큼 가까워지기 위해 노력하는 것은 내 몫이 훨씬 컸지만 세상 누구보다 행복했다. 나는 일생에 로또를 맞은 것이라 생각했다. 그러면서도 이런 멋진 상황이 한순간이 되지 않도록 더 열심히 일을 하고 자기계발을 했다. 그리고 그때부터 지금까지 한 회사에서 12년째 일을 하고 있다.

그렇게 힘들게 일하지 않았는데도 많은 돈이 벌리는 경험을 처음으로 했다. 시간을 아무리 많이 쓰고 싶더라도, 누구에게나 주어진 노동시간은 8시간이다. 시간의 한계, 체력의 한계를 느끼면서까지 일을 했을 때도 원하는 만큼의 돈은 벌리지 않았었는데 나는 그때 너무 놀라운 경험을 하고 있었다.

지금 생각해도 믿기지 않을 만큼 갑작스러운 부를 맛보게 되었다. 어느 날 기도를 이런 기도를 하고 있었다. 제가 감당할 수 있을 만한 부를 허락하신 것인지 물었다. 그렇다면 제게 원없이 주시기로 하셨다면 제게 감당할 만한 큰 그릇을 달라고 기도했다. 게다가 제대로 합당한 곳에 사용하는 지혜도 달라고 기도했다. 그동안 일을 하면서 재테크를 위한 방법들을 찾는데 시간을 쓰지 않았다. 그렇게 하지 않아도 수익은 점점 더 늘어나고 있기 때문이다. 내가 원하는 삶을 사는 데 불편함이 없고 남들이 갖고 있는 빌딩을 몇 채씩 갖고 있지는 않지만 끊임없이 노동은 덜하고 점점 일은 줄어들고 돈이 더 많이 벌리는 인세 수익의 빌딩을 구축하고 있다. 단, 지금 하는 일과 10년 전의 일이 다르다는 차이만 있을 뿐이다. 처음에는 열심히 내 시간과 노동을 훨씬 더 많이 투자하고 실전에서 뛰는 일을 더 많이 했다면 지금은 함께 일하는 사업자들이 현장에서 일을 잘 할 수 있도록 안내하는 일에 시간을 더 많이 쓰는 일을 하면서 그들의 꿈을 응원한다.

사람들은 말을 한다. 회사가 시작할 때부터 일을 하게 돼서 잘하게 된 거라고 말이다. 그리고 '나는 못 해. 너는 잘하게 생겼어. 하지만 나는 못한다'는 사람들 투성이다. 단지 내가 줄을 잘 서고 운만 좋았다고 말을 한다. 그러면서 그런 행운은 자신에게 오지 않을 것이라고 말한다. 당연히 그 사람의 말에 동조한다. 그렇게 말을 하니까 자신에게까지 부의 운이 가지 않는 것이라고 말이다. 부정적이거나 속마음을 숨기고 이야기를 하는 사람이다. 두세 번 만나다 보면 속마음을 보게 된다. 정말 간절해서 말을 할 때 반대적인 성향, 즉 생각은 부자가 되고 싶은데 입은 다른 말을 하는 사람 중에 개선의 여지가 있는 사람은 계속해서 만난다. 하지만 무엇을 하든 불평불만만 계속해서 하는 사람은 아무리 좋은 이야기를 해도 절대로 변하지 않는다는 것을 알았다. 그런 연유로 나도 때로는 그들에게 냉정해져야 하고 관계를 더 이상 하지 못하는 대상 순위에 넣을 수밖에 없다.

내가 아끼고 사랑하던 사업자 중 H는 처음에 남편과의 문제로 인해 고통을 받고 있었다. 뭐든 잘할 수 없는 상황이었지만 이야기를 나누던 중 H의 작은 가능성을 발견했다. 일을 하기 시작하면 최고가 되려고 노력했던 과거의 모습을 발견했다. 내가 잘하는 것과 H가 잘하는 것을 콜라보하면 좋을 것 같은 생각을 했다. 나는 밖에서 사람들과 더 많은 시간을 보내고 한곳에 머무르고 주인이 되는 것보다는 언제나 개방적인 시간을 보내기를 좋아했다. 하지만 H는 자신의 위치를 세워주면 일을 잘할 수 있겠다는 판단을 했다. 그에게 지사를 운영하는 제안을 하고 그와 마음을 맞춰 일을 하기 시작했다. 어느 순간 내 소득을 능가하고 점점 더 좋은 소식들이 들리며 날로 행복한 순간을 맞이했다. 그런 모습이 나는 보기에 너무 좋았다. 그리고 정말 이뻤다. 나보다 더 많은 소득을 벌었다면 나는 더 기뻐했다. 그렇게 애정을 쏟았던 그의 변심의 원인이 무엇이었는지 나는 지금도 의문이다. 아직도 풀리지 않았지만, 그의 소식을 가끔 듣는다. 그 후로 딱 한 번 얼굴을 마주쳤지만 어색하기 이를 데 없었다.

시간이 지나면서 정리된 그와의 인연을 생각하면서 나와 다른 점을 발견했다. 끊임없이 더 크게 되려고 노력하는 그와 지금 이 자리에 감사하며 책임을 다하려는 나, 이것이 다른 점이라는 것 하나는 확실하다. 살면서 사람에게 느껴지는 서운함과 실망이 없을 수는 없다. 물로 H도 나도 다를 바 없을 것이다. 그러나 자신이 먼저가 되는 사람과 그렇지 못한 사람의 차이는 무엇일까?

사람들은 이런 말을 한다. '저 사람은 그릇이 작아.' '저 사람은 그릇이 큰 사람이야.' 그렇다면 사람마다 그릇이 다르다는 뜻인가? 큰 그릇을 가진 사람, 작은 그릇을 가진 사람이 있다면 '나는 어떤 그릇인가? 이렇게 많은 돈을 담을 만한 그릇이 된 것인가?' 질문에 대답 대신 이렇게 생각하고 있었다. 그때 내 몸에는 소름 돋는 전율이 흘렀다. '나는 이제부터 더 많은 돈을 담을 그릇을 준비해야겠다.'는 생각이 들었기 때문이다.

돈을 벌게 되면서부터 삶이 바뀌고 여유로워졌다는 말도 맞고, 내게 들어오는 부를 담을 준비가 되어서 부자가 되었다는 말도 맞다. 마치 계단을 오를 때 힘겨운 구간에 쉬어가기만 해도 힘이 생겨서 가파른 계단이라도 올라가기 쉬워지는데 나는 그때 급속 충전되어 몇 계단을 공중으로 점프해 올라간 기분이었다. 그렇게 흥분되고 멋진 삶이 오는 것을 나는 예상치 못했다.

지금은 네트워크 사업 회사에서 부자가 되었다. 더 많은 부를 누릴 자격을 갖출수록 점점 더 커져가는 파이프라인을 구축할 것이다. 내 그릇이 차고 넘쳐 흘러나가지 않도록 더 크고 단단한 그릇을 미리 준비해둬야 한다고 생각한다. 그리고 나는 처음 이 사업을 시작하면서 마음먹은 누군가의 행복이 나의 행복이 되고 그렇게 행복한 마음이 들수록 배가 되는 기쁨을 나는 더 많이 누리고 싶어서 지금도 함께 일을 한다.

나는 말하고 싶다. 부자는 돈과 성공을 생각하지 않는다. 자신이 가장 좋아하는 일을 직업으로 삼고 자신이 할 수 있는 노력을 다하면 저절로 행복한 부자가 된다는 것을 믿기를 바란다. 아무리 돈을 벌려고 해도, 부자가 되려고 아등바등 일을 해도, 매달 월급을 타서 아무리 저축해도 부자가 되지 못했다. 내 집 장만을 하고 누렸던 기쁨은 또 얼마나 가던가? 계속 욕망이 커지고 그 욕망을 채우지 못해 안달하던 기억은 없는가? 자신이 부자라고 생각해봤던 적은 있는가? 더 가지지 못해서 아쉬웠던 때가 훨씬 많지 않은가? 나도 한때 그렇게 살았다. 돈을 많이 벌어서 느꼈던 행복과 기쁨은 오래가지 못했다. 그것을 지키기 위해 노력하는 것도 지치고 힘들다 생각할 때도 있었다. 돈을 쫓는 일을 하고 있다는 생각을 하고 나서 나는 문득 깨달았다. 내가 하는 일에 자부심을 느끼는 이유들을 더 찾았다. 타인의 성공을 진심으로 응원하며 좋아하는 일을 하면서 즐기면서 일을 하는 방법을 찾았다.

자신이 좋아하는 일을 하면 누군가 비난을 하고 자신의 심기를 불편하게 하더라도 흔들리지 않을 확률이 훨씬 높다. 시간이 흐를수록 자신의 부와 성공을 담을 그릇의 크기를 잘 모르겠다면, 살면서 아주 사소한 것에도 감사하면서 살고 있는지를 먼저 점검하라. 자신이 이뤘다는 생각보다는 타인에게 공을 돌리고 운이 좋은 사람이라는 것을 강조하며 겸손한 삶을 살고 있는지 자신에게 물어보라. 지금부터라도 냉철하게 바라보며 개선해야 할 것이 있다면 지금, 바로, 즉시, 개선할 의지가 있는가?

만약 그렇다면 자신이 원하는 부자로서의 삶을 충분히 상상하라. 그리고 자신의 그릇의 크기를 무한대로 키워 놓기를 당부한다. 지금 하고 있는 일에 우선 최선을 다하는 것을 우선으로 하라. 자신이 바라는 꿈의 크기를 절대로 축소시키지 말라. 꿈은 클수록 깨져도 조각은 작은 꿈의 조각보다 훨씬 크지 않은가?

지금 나도 멈추지 않고 달려간다. 내가 돕는 사람들이 행복한 부자가 되고 그들의 돈 그릇이 점점 커지고 단단해지기를 바라면, 더불어 내가 더 행복한 부자가 된다는 것을 확신한다. 내가 되었다면, 여러분도 자신이 된다고 먼저 믿고 바로 행동하면 여러분의 삶은 무조건 달라진다는 것을 믿어야만 한다.

04

돈과
행복은
비례한다

나와 같은 일을 하는 사람들은 언제 어디서나 서로의 꿈을 이야기하고 서로의 꿈을 응원하는 시간을 많이 갖는다. 그렇다고 만나자마자 처음부터 자신의 이야기를 터놓고 하는 사람들은 단 한 사람도 없다. 함께 일하는 사람들 대부분은 자신의 꿈을 이야기하며 살기에는 너무 바쁘게만 살아온 분들이다. 성실하게 주어진 대로 평범하게 살아가는 분들이다. 그러다 보니 '꿈이 뭐예요?'라고 물으면 한참 동안 머뭇거린다.

꿈이 뭐냐는 질문에 대해 학교에서 물어봤던 장래 희망 정도로 생각하시는 분들이 대부분이다. 그래서 늘 '무슨 거창한 꿈을 말해야 하나!' 망설이는 것은 당연하다.

처음엔 나도 그랬다. 보험회사 5년을 다니는 동안 한 번도 묻지 않았던 내 꿈을 물어보던 곳은 네트워크 회사였다. 내가 처음 네트워크 사업을 만났을 때는 스물아홉 살, 두 아이의 엄마가 되었을 때였다. 다니던 보험회사 입사 동기가 반나절만 시간을 내달라고 해서 기쁜 마음으로 허락했다. 평소에 내가 신뢰하던 입사 동기여서 아무런 의심이 없었다. 그 입사 동기를 통해서 나는 처음으로 낯선 곳에서 많은 사람 틈에 앉아 강의를 들었다. 나는 강의를 듣는 내내 다른 생각을 할 겨를 없이 빠져들었다. 선진국에서 이미 네트워크 사업을 해서 부자가 된 성공자들을 나열하며 이야기할 때 가장 충격적이었다. 백만장자라고 하면 부모에게 물려받은 재산이 많다거나 사업으로 성공한 사람들뿐이라고 생각하고 살던 나에게 적잖은 문화적 충격이었다. 내가 생각하는 사업은 큰돈이 들어가는 사업뿐인데 돈 없이 돈을 벌 수 있다는 말에 정말 혹했다.

그리고 계속 듣다 보니 일리 있는 말들이 많았다. 이미 미국에서는 평범한 맥주 배달원이 억만장자가 된 사업이고 실제로 그 사업을 통해 돈을 벌고 있는 사람들이 사례담을 이야기하기도 했다. 모두 평범해 보이는 사람들이었다.

그때 나는 보험 회사를 다니고 있어도 늘 그만둘 핑곗거리를 찾고 있었다. 매일 아침 조회를 할 때는 보험 상품 설명을 듣는다. 처음엔 의욕을 가지고 시작했고, 직장 생활보다는 훨씬 좋다는 생각에 정말 열심히 일했다. 그런데 어느 날 여느 때와 같이 듣던 보험 상품 설명이 유난히 귀에 거슬렸던지 그 후로 매일 아침 시간이 정말 끔찍하게 싫었다. 매번 다치면, 아프면, 장애를 입으면, 그리고 암에 걸리면 보험금이 얼마고 등등 들을수록 귀에 거슬리기 시작했기 때문이다. 첫아이 임신 4개월에 입사해서 처음엔 즐겁게 일을 했지만, 부정의 말들이 들리기 시작했다. 보험회사를 그만 다니고 싶어졌던 이유가 되었다. 그러다 보니 나는 희망 없이 다람쥐 쳇바퀴 도는 삶을 살고 있었던 터라 직업을 바꿀 기회라고 생각했다.

그동안 나는 열심히 사는 사람이라 생각했었다. 그리고 성실히 살면 부자가 될 수 있다고 믿었다. 그렇게 평범하게 사는 내게는 네트워크 사업이 상식을 넘어서는 기회의 사업으로 느껴졌다. 하지만 처음 선택한 회사에서는 엄청난 금전적인 리스크와 긴 시간을 소비했다. 내 주위에 있는 식구들에게 지인들에게 큰소리치던 나는 성공한 모습을 그때는 보여주지 못했다. 나는 많은 사람에게 결국 실패한 사람으로 낙인찍힐 수밖에 없었다.

따가운 눈초리와 시선이 나를 괴롭게 했다. 그렇게 좌절하며 시간을 보내고 살던 나는 정말 아이러니하게도 단 한 번도 네트워크 사업을 선택했던 것을 후회하지는 않았다. 왜냐하면 내가 들었던 모든 강의 속에서는 언제나 희망을 얘기했고, 꿈을 이야기했다. 그리고 어떻게 살고 싶은 지를 물었다. 아침마다 만약을 위해서라는 명목으로 들었던 이야기들 과는 달리 보험 회사에서는 들어보지 못한 단어들이었다. 이것이 지금 내가 네트워크 사업을 하고 있는 이유라 해도 과언이 아니다. 이렇게 긴 설명을 통해 내가 네트워크 사업을 시작한 동기 이야기를 할 수밖에 없는 이유가 있다.

지금 일하고 있는 회사에서 꽤 높은 연봉을 받고 있다. 또 한 번 위기의 시간을 맞이했던 내게 선물같이 찾아온 기회였다. 우리 사업은 누군가와 나누는 대화 속에서 스스로 동기부여를 받고 해야만 하는 일이다. 그러다 보니 무엇을 하고 싶은지, 어떻게 살고 싶은지를 자주 이야기한다. 모두가 하나같이 말한다. 돈을 많이 벌고 싶다. 부자가 되고 싶다. 일하지 않고 돈이 들어오는 파이프라인을 구축하고 싶다. 원하는 곳으로 언제든 여행을 떠나고 싶다. 친정엄마 용돈 많이 드리고 싶다. 멋진 자동차를 갖고 싶다. 좋은 집 전원주택에 살고 싶다. 아이들 영어유치원에 보내고 싶다. 또 아이들을 유학을 보내고 싶다. 남편이 혼자 돈을 벌기 때문에 내가 돈을 벌어서 어깨에 힘을 실어주고 싶다. 명품을 맘껏 사고 싶다. 사고 싶은 물건들을 가격을 보지 않고 사고 싶다. 가족들에게 무엇을 사주고 싶다. …

더 구체적이고 소소한 꿈들을 일일이 나열하지 않았지만 모두 한결같은 이야기를 한다. 무엇을 꿈꾸든 우리에겐 돈이 필요하다. 나는 네트워크 사업을 하면서 돈으로 할 수 있는 일을 구체적으로 알게 되었다. 누구나 돈을 더 많이 벌고 편하고 여유로운 생활을 꿈꾼다. 우리는 이야기를 나눌수록 서로를 알게 되고 더 깊은 이야기를 나누다 보면 함께 울고 웃는다. 그리고 서로의 꿈을 응원하며 함께 하는 일이다.

이런 점에서 내가 하는 일이 세상 어떤 직업보다 훌륭하고 위대한 일이라고 생각한다. 다녔던 보험회사의 아침 풍경과는 사뭇 다르지 않은가? 더 나은 미래를 꿈꾸고 원하는 것을 이루기 위해 서로의 꿈을 응원하는 일을 하면서 돈에 대한 개념도 바뀌었다. 언제나 돈이 있었으면 돈이 많은 부자였다면 돈이 할 수 있는 일들이 훨씬 많다고 정의하게 되었다. 돈이 많을수록 더 많은 일을 하게 되고 누군가를 기쁘게 할 수 있는 힘이 생긴다. 돈 때문에 다투는 일을 줄일 수 있다. 이런 점에서 돈과 행복은 언제나 비례한다고 생각한다.

남편하고 싸웠을 때도 근본적으로 맞지 않는 성격 차이도 있었다. 하지만 단순히 우리는 성격 차이만으로 이혼했을까? 모두에게 묻는다. 지금 힘들게 사는 이유가 무엇일까? 부모님을 잘못 만나서, 내가 남편을 잘못 만나서, 사업이 힘들어져서, 행복하지 않아서, 자식들이 힘들게 해서, 내 직장이 마음에 들지 않아서, 다니기 싫은데도 억지로 다녀서 등등 정말 다양한 이유들이 나온다.

하지만 가장 큰 핵심은 돈이다. 남편과 싸웠을 때를 보라. 근본적인 문제로 거슬러 올라가보자. 아이들 케어 문제라면 이른 아침 출근길에 퇴근길에 아이들을 유치원에서 픽업하는 일들을 서로 분담해야 한다. 때로는 서로 바빠서 못 가거나 제시간에 가지 못했다면 다툼의 원인이 된다. 이 문제도 분명 평범하게 사는 사람들은 다 하고 사는 일이다. 하지만 좀 더 여유롭고 경제적으로 풍요로운 삶을 사는 사람들 즉 부자들을 보라. 아이들을 대신 돌보는 돌봄 서비스를 받거나 아예 입주 도우미가 있기도 하다. 또 서로 하기 싫은 가사를 분담하는 일로 다투기 싫다면 가사 도우미를 쓰면 훨씬 다툼이 덜할 것이다.

큰아이 육아 문제로 심하게 다툰 적이 있다. 아이를 낳고 보름 만에 보험회사를 출근했다. 시어머니께 아이를 잠시 맡기게 되었는데, 퇴근이 늦어져서 눈치를 보면서 아이를 데려오는 일이 잦아졌다. 그런 이유로 사소한 말다툼을 하다 보면 정말 한숨이 절로 나온다. 그때 우리에게는 무엇이 절실하게 더 필요했을까? 따뜻한 위로의 말과 서로를 위하는 마음으로 결혼 생활을 유지할 수는 있었을까? 결혼 초, 사랑하는 마음으로 뭐든지 할 수 있을 거라고 생각했다. 하지만 점점 여유롭지 못한 삶의 원인이 돈이라는 것을 알았을 때 열심히 더 열심히 살아서 돈을 벌어야겠다 다짐했다. 누가 그랬을까? 젊을 때 고생은 사서도 한다. 아니다. 사서할 필요 없다. 고생하지 않고 살 수 있다면 더 여유롭게 품위를 지키면서 사는 것을 사야 한다.

"돈이 인생의 전부가 아니다."라는 말을 들으며 살아왔다. 하지만 이 말은 가난한 삶을 위로하고 포장하기 위한 말은 아닐까? 과거와 달리 요즘은 이런 말을 하는 사람들이 드물다. 돈은 인생의 전부이다. 삶을 더욱 풍요롭게 하고 자신이 가진 욕구를 억누르지 않고 살 수 있게 만들어준다. 조금 더 여유로워지면 말투부터 달라진다. 거슬리는 말을 서슴지 않고 하다가 다투고 서로 상처를 주는 일들도 줄어든다.

우리는 무엇을 할 때 가장 행복한가? 살면서 위기가 오고 힘들 때 우리에겐 무엇이 더 필요한가? 서로에게 따뜻한 말로 위로가 되었던가? 누군가를 위로해줄 여유마저 앗아가버리는 원인은 무엇일까? 내가 행복해야 남을 행복하게 해줄 수 있다. 행복한 삶을 동반시켜줄 수 있는 도구는 무엇이라고 생각하는가? 돈과 행복은 어떤 관계라고 생각하는가?

05

부자는
선택하지 않고
원하는 것을 갖는다

우리는 매일 무엇인가를 선택하며 산다. 오늘은 무엇을 먹을까? 무엇을 입을까? 어느 길로 가는 것이 좋을까? 누군가를 만날 때는 어디에서 만날까? 우리의 삶에서 정말 중요한 선택을 해야만 할 때도 있다. 선택을 해야 할 때는 목적에 중심을 두고 선택을 해야 한다. 가벼운 일상의 선택부터 좀 더 신중한 선택을 해야 할 때도 그렇다.

내 주위에 부자 언니는 '스타벅스에 커피를 마시러 가서 따뜻한 커피를 마시고 싶었는데 갑자기 아이스커피가 생각나면 고민하지 말고 둘 다 주문하라.' 한다. 고민하는 시간에 둘 다 주문하고 시간을 벌고, 하고 싶은 욕구를 분리하지 말고 욕구대로 한다고 한다. 하지만 젊은 시절 매번 무엇인가를 선택할 때마다 항상 지갑 속을 먼저 열어봐야 했다.

나는 과일을 정말 좋아한다. 밥은 안 먹어도 과일로 식사를 할 정도로 모든 과일은 다 좋아한다. 식사를 마치고 항상 과일을 먹지 않으면 한 끼 식사가 개운하지 않을 정도이다. 한번은 결혼 후 시장에 가서 사과를 사려다가 갈등하면서 화가 날 때가 있었다. 정말 먹음직스럽고 큰 사과를 고르고 싶은데 주머니 사정을 고려해서 작고 숫자 많은 것을 골라야만 했다. 그때 언제쯤 돈 걱정 하지 않고 좋은 사과를 고를 수 있을까? 생각했었다. 비단 그런 경험이 한 두 번은 아니었다. 어디 과일뿐이었을까? 무엇을 살 때마다 가격표부터 봐야 했다. 옷을 살 때도 고르다 보면 마음에 드는 옷을 색깔별로 사고 싶은데 한 가지 색깔만 골라야 한다. 돈을 생각하지 않고 물건을 골라본 적이 없었던 것 같다. 식당에 가서도 마찬가지이다. 매번 메뉴판을 여러 번 보고 가격표부터 확인해야 했다. 먹고 싶은 것보다 값이 싼 것들을 골라야 하고 먹고 싶은 소고기보다 돼지고기를 선택해야만 한다.

어느 날 아파트 엘리베이터에서 60대 여성과 30대 여성이 나누는 대화를 들었다. '요즘 외식하기가 너무 힘들어요. 한번 소고기를 4인 가족이 외식하게 되면 한 끼 식사비가 40만 원이 넘게 나와서 소고기 못 먹어요. 4인 가족 식사비가 너무 많이 들어서 둘이 벌어서는 외식 한번 맘 놓고 하지 못해요'라고 했다. 옛날 생각이 났다. 나도 저 나이 때 그랬었다. 어느 순간 잊고 살았던 옛 모습을 생각나게 했다. 참 씁쓸한 이야기이다. 짧은 순간이었지만 엘리베이터 안에서 나누던 대화에 잠시 마음이 아팠다.

고등학교 다닐 때 사고 싶은 것이 많았다. 뱅뱅 청바지 그리고 아식스 신발, 나이키 신발 등 브랜드를 좋아했다. 신문 배달을 해서 모은 돈으로 무조건 사고 싶은 것을 샀다. 그런 내가 사치스러운 사람인가 생각도 했었다. 그러면서도 내가 벌어서 사고 싶은 것을 사는 설렘이 좋았고, 스스로 뿌듯했다.

20대에 나에게 쓰는 것을 아끼지 않아야 한다는 생각이었다. 저축해서 돈을 모으는 것보다 돈을 쓰는 것이 더 재밌었다. 돈으로 할 수 있는 모든 것들이 행복했다. 하고 싶은 것을 하지 못하는 것은 정말 불편한 일이었다. 하고 싶은 것들을 하지 못하는 것은 언제나 힘든 일이었다.

어느 날 한 사업자에게 돈을 벌고 싶은 이유를 물었더니 유치원에 다니는 아이들을 더 좋은 영어 유치원을 보내고 돈을 벌고 싶다고 했다. 유치원 비용이 배나 된다고 했다. 조금만 더 여유로운 가정이라면 더 나은 것을 하는데 제약이 없을 것이다. 부자가 되고 싶다는 바람만 말하지 않고 늘 현실에서 부족하고 소소한 소망들이 부자가 되기 위한 시초가 된다는 것을 잊지 말라. 부자가 되고 싶은 이유는 거창하고 대단한 이유로부터 시작되는 것은 아닌 것 같다. 부자가 된다면 갖고 싶은 것을 선택할 수 있고 하고 싶은 것을 하게 된다. 돈 때문에 고민하지 않게 돼서 시간도 절약하게 된다.

어떤 이들은 친정엄마 용돈을 백만 원씩 드리고 싶다. 아들이 운동을 하는데 뒷바라지 하려고 돈을 벌고 싶다. 친정엄마 용돈은 바람이지 꼭 해야 할 일은 아니다. 그러나 자녀가 운동하는데 뒷바라지하는 것은 필수 항목이다. 나는 언제부터인가 이것을 구분해서 생각하게 되었다. 우리는 돈을 쓰는 데 필수 항목과 써도 되고 안 써도 되는 곳이 있다. 가난이라는 것은 꼭 해야 할 일들 꼭 지불해야만 하는 곳에도 망설이고 할 일을 못하게 만든다. 반면 부는 둘 다 할 수 있는 여유를 누리게 해준다. 이런 간단한 구분만으로도 스스로를 자극하고 자신이 원하는 것을 하기 위해 바람만 갖지 않고 부자가 되어야 한다는 각오를 하고 누구나 부자가 되기를 간절히 바란다.

나도 어려운 시기를 보내고 겪어 오면서 순간순간 갈등할 때가 많이 있었다. 가난하게 그냥 살아도 누가 뭐라고 하지 않을 텐데 끓어오르는 욕구를 누를 수가 없어서 부자가 되겠다는 결심을 하고 살았다. 가난을 벗어나려는 끊임없는 노력으로 그나마 지금의 내가 존재한다고 믿는다. 우리가 원하는 것을 손에 넣기 위해 있는 힘껏 노력하도록 만들어졌다. 사람은 불가피한 상황이 아니면 최대한의 노력을 발휘하지 못한다. 부족함을 채우기 위해 사람들은 끝없이 전진해나간다. 부의 은혜를 받지 못해 좌절한 사람들로 흘러넘칠 정도지만 다른 한편으로 궁지에 몰려 부를 얻게 된 예도 적지 않다. 가난 때문에 궁지에 몰릴 때가 있었는가?

나는 고등학교 입학 전에, 20대 결혼을 하기 전에, 결혼을 하고 난 후, 그리고 예기치 않은 신용불량자가 되어 사회생활을 제대로 할 수 없었을 때, 자녀들과 10년을 떨어져서 살아야 했을 때, 나이는 점점 들어가는데 변변한 집 한 칸 없었을 때 삶의 불안감이 고조되었다. 그럴 때마다 욕망을 누르지 않고 있는 것에 만족하고 살아야 한다는 생각은 늘 하지 않았다. 만약 '이대로도 좋다.'라고 생각한다면 누구보다 게으른 인생을 살 것이 뻔했다. 사람들은 게으른 행동이 게으른 생각에서 비롯된다는 것을 알고 있을까? 사람들은 '남들 사는 만큼만 살면 되지, 돈 벌어서 다 어디다 쓰려고?'라고 말한다. 조금 더 열심히 하는 사람들을 보면 '돈을 더 많이 벌려고 욕심을 부린다'고 생각한다.

242 행복한 부자들의 돈 그릇

많은 사람들은 고민한다. 무엇을 먹을까? 어떤 색깔의 옷이 좋을까? 둘 다 마음에 드는 가방을 봤을 때 어떤 것을 살까? 어떤 호텔에 가서 잠을 잘까? 어떤 자동차를 살까? 아이들은 어떤 유치원에 보낼까? 어떤 과일을 살까? 하다못해 후라이드를 먹을까? 양념 통닭을 먹을까? 짜장면을 먹을까? 짬뽕을 먹을까? 오죽하면 통닭도 후라이드 양념 반반이 나오고 짬짜면이 나오고 세트 메뉴가 생겼을까? 우리는 매번 선택의 연속인 삶을 살고 있다. 가장 기본적인 삶을 사는데도 더 좋은 것, 더 괜찮은 것을 선택하고 싶어진다.

그럴 때마다 우리는 누르고 살기만 할 것인가? 누르고 사는 모습을 자녀들에게 마치 당연한 것처럼 이야기 하면서 정말 마음에 한 치의 미안함은 없는가? 나는 그렇지 않다. 돈으로 하는 일들이 세상 가장 쉽다는 것을 깨닫는 순간이 있다. 내가 하고 싶지 않은 일을 하고 있을 때이다. 가장 쉬운 예는 집안일을 누군가 대신 해주고 그 대가를 지불할 때 그렇고 내가 하지 못하는 일을 그 일에 전문가들이 해주었을 때 돈을 지불하는 일이 그렇다. 무엇을 할 때마다 가격을 흥정할 때도 있지만, 대부분 고민하지 않고 타당하다면 상대방이 원하는 돈을 지불하는 데 거침없을 때이다. 나를 세상 가장 편리하게 만들어주는 돈의 위력을 느낄 때 마다 부자는 무조건 다 되어야 한다는 생각을 한다. 이런 느낌을 느낄 수 있어야만 한다는 생각이 든다. 말로 해줄 수 없는 일이기 때문이다.

지금은 과일을 고를 때 더 좋은 것 더 탐스러운 것 보기도 좋은 상품을 고른다. 가격을 먼저 묻고 개수 많은 것을 고르지 않는다. 옷을 살 때도 정말 마음에 드는 것을 살 때는 색깔 별로 산다. 음식점에 가서는 이것저것 맛보고 싶은 것을 다 주문한다. 단 많이 먹을 수 없어서 더 다양하게 고르지 않을 뿐이다. 무엇인가를 선택할 때 돈 때문에 고민하는 시간을 줄일 수 있어서 좋다. 그만큼 부자들이 누릴 수 있는 여유는 선택을 하는 일에 시간을 쓰지 않는다는 것이다. 누구나 이런 삶을 꿈꾸고 갈망하기를 바란다. 그리고 가난에서 벗어나려는 노력을 계속하기를 바란다.

사람들은 가난에서 벗어나려고 할 때 지향하는 목표보다 그 과정에서 얻는 것들이 가치가 있다고는 생각하지 않는다. 가난과 전력으로 싸워 몸에 익힌 강인함이야말로 돈, 재산보다 가치가 있다는 것을 먼저 알아 가기를 바란다. 그리고 그것을 열심히 이뤄낸 결과로 자신의 일을 돈이 대신해주는 즐거움을 느끼고 무엇이든 골라야 한다면, 선택하느라 단 1초도 고민하지 않기를 바란다. 내가 원하는 것, 갖고 싶은 것을 다 할 수 있는 부자가 되기를 포기하지 말기를 바란다.

06

물건을 살 때
가격보다 가치를
생각하라

영국의 시인 존 드라이든의 말이다.

"당신이 '부자'가 되고 싶다면, 우선 '부자들의 습관'을 몸에 익혀야 합니다. 그러면 습관이 당신을 부자로 키워줍니다. 처음에는 우리가 습관을 만들지만, 그다음에는 습관이 우리를 만듭니다."

돈이 없어도 부자처럼 행동하라는 메시지이다. 그렇다면 우리는 물건을 살 때 가격보다는 자신에게 기쁨을 주는 일에 돈을 쓰고 있는지를 먼저 생각해야 할 것 같다.

"'성공하게 되면 분명 좋겠지…'라고 머리로 생각하는 것이 아닙니다. '돈을 쓰는 쾌감'을 직접 눈으로 보고 체험해서 맛보고 뇌가 '자신을 쾌적하게 하는 요소'로 그것을 필요로 하는 것입니다. 그렇게 되면 가만히 있어도 자동적으로 '부자'가 됩니다."

같은 돈을 쓰고도 정말 기분이 좋을 때가 있고, 때로는 그렇게 기분이 썩 좋지 않을 때도 있다.

사토 도미오의 『진짜 부자들의 돈쓰는 법』에 나온 말이다.

"돈을 사용하는 즐거움을 알고 '돈을 사용하는 기쁨'을 감각적으로 의식에 새겨넣는 것, 그것이 부자가 되기 위한 대전제입니다. 물론 사랑하는 사람을 위해서 쓰는 것도 괜찮고, 기업의 사장이 되어 사원들을 위해서 사용하는 것도 좋습니다. 거기에 대해 자신이 가지고 싶은 것에 쓴다면 더욱 좋을 것입니다. 부자가 되는 것이 우선이 아니라, '돈의 사용법'을 제대로 아는 사람이 되어야 합니다. 그래야 훨씬 빨리 부자가 될 수 있고, 그 과정이 설레고 즐거울 것입니다."

돈을 제대로 잘 사용하는 것이 부자가 빨리 되는 길이다. 그리고 자신의 가치를 돋보이게 하는 돈을 지불하면 더욱 풍요로워질 것이다.

최근 몇 개월 일하지 않았는데 월 천만 원 이상 수익을 받는 K 사업자가 있다. 그가 어느 날 이렇게 말했다. "누구나 나이 들면 월세 받는 건물을 가지는 것이 꿈이다." 자신의 친언니 역시 월세 받는 것이 꿈이라고 했다. 5개월 전에 언니는 자신이 가진 3억을 가지고 빌라 한 채를 매입하여 지금은 월세 109만 원을 받고 있다고 했다. 그러나 자신은 5개월 전에 천만으로 시작한 사업으로 매달 천만 원을 수익으로 받는 일을 시작했다고 비교하며 이야기했다. 자신은 건물에 투자하지 않았어도 자신이 언니보다 투자금도 적은데 언니보다 열 배 수익을 보장받고 있다고 했다. 무척 기쁘고 자랑스러웠다. 우리 사업을 통해서 한 명씩 더 많은 수익을 벌어들이는 사업자가 생긴다는 것은 매우 보람 있는 일이다. 적은 시간과 적은 돈을 투자해서 돈을 벌어들인다. 지속적으로 돈을 벌 수 있는 시스템을 활용해서 평생 수익을 가져올 수 있는 일이라면 어떨까? 그러나 먼저 믿는 마음이 있어야만 가능하고, 거기에 충분한 가치를 부여해야만 자신의 것으로 만들 수 있다.

사람들은 누구나 적은 돈으로 많은 돈을 벌고 싶어 한다. 하지만 막상 알려주면 '그런 일이 세상에 어디 있냐', '그런 일은 인식이 안 좋다', '그런 일이 있으면 누구나 다 하겠다.' 이렇게 말한다. 돈을 벌고 싶다고 하면서 누구나 다 알아듣는 일을 하고 돈을 벌겠다고 한다. 하지만 누구나 다 알아듣는 정보라면 그것이 평범한 사람들에게까지 오는 동안 비범한 사람들은 그 정보를 다 흡수했을 것이다. 지금 현실보다는 정보의 가치에 투자해야만 원하는 것들을 가질 수 있다.

시중에 커피 한 잔의 값은 천차만별이다. 어떤 이들은 한 잔에 1,000원인 커피, 한 잔에 2,500원 하는 커피, 5,000원 커피, 15,000원 커피, 똑같은 커피이지만 장소에 따라 만나는 사람들에 따라서 커피 값이 아니라 시간과 사람에 따른 결과물에 대한 가치에 투자하는 것이다. 행복한 부자들은 '돈을 잘 사용하는 법'을 통해서도 기쁨도 배가 되는 것을 믿는다.

우리가 타고 있는 자동차도 마찬가지이다. 똑같은 브랜드라고 해서 가치가 다르기 때문에 가격도 천차만별이다. 브랜드가 같다고 해도 그 가치가 똑같은 것은 아니다. 차에 대한 가치는 각각 다르다. 물론 비싼 것이 무조건 좋다는 이야기는 아니다.

가끔 내가 좋은 책을 읽고 있을 때 무슨 책을 읽는지 소개해달라는 사람들이 있다. 사람들에게 책을 소개해주면 어떤 사람은 바로 책을 구매한다. 어떤 사람은 물어만 보고 책을 구매하지 않는다. 실행하는 사람과 실행하지 않는 사람의 차이이다. 책 한 권을 구매하는 데 2만 원이 채 되지 않는다. 바로 구매하지 않거나 구매를 해도 읽지 않는 사람들은 책 한 권을 통해서 어떤 이들은 의식이 변화하여 자신의 삶을 변화시킬 수 있는 가치를 잘 모르는 것 같다.

어떤 세미나 참석을 하는 데 드는 비용은 강사에 따라 조금씩 다르다. 시간당 최소 10만 원에서 수백만 원, 천만 원 단위의 강의가 있다. 투자의 가치가 충분하다면 부자들은 따지지 않고 투자하는 사람들이다. 한 분야에 전문가의 강의는 비싼 비용을 지불하고서라도 들으려고 하는 것은 그들의 가치를 인정하기 때문이다. 사토 도미오의 저서『진짜 부자들의 돈 쓰는 법』에서 "보통의 세미나보다 몇 배의 참가비가 드는 세미나에 참석해보면 알 수 있다. 1~2만 원의 참가비가 드는 세미나에서는 그다지 느껴지는 것이 없을지도 모르지만, 10만 원 이상 드는 세미나에 가보면 사람들이 굉장히 의욕이 넘친다는 것을 알 수 있다. 참가비가 10만 원인 세미나이기에 돈이 있는 사람들이 모인다는 것이 아니다. 10만 원이나 하는 세미나이기에 '자신의 성장에 10만 원의 투자가 가능한 사람'이 모인다는 의미이다. 그런 곳에서 만나는 사람들은 우리를 자극하거나 영향을 주어 우리의 습관을 바꾼다. 결과적으로, 성공으로 밀어 올려주는 인맥이 되어주는 것이다."라고 말하고 있다.

조금 연장자이신 분들이 젊은 내게 조언을 해주시던 기억이 있다. 옷을 살 때 대충 아무거나 싸다고 사지 말고, 이왕이면 브랜드 옷을 사고 더 좋은 것을 골라서 사라고 말이다. 좋은 브랜드는 그만큼 좋은 천을 사용해서 두고두고 세탁만 잘하면 몇 년을 입어도 손색이 없다고 했다. 젊을 땐 무조건 예쁘면 되는 사람들에게는 들리지 않을 이야기이다. 나 역시도 그랬다.

그러나 어느 날부터 옷을 사서 비교해보면 일반 보세 옷들은 내 옷장에서 남의 옷장으로 옮겨가는 것이 시간 문제였다. 어쩌다 옷 정리를 할 때도 버리는 순위에 반드시 들어 있다. 지금도 홈쇼핑에서 가끔 산 옷들은 옷걸이에 걸리기 보다는 옷장 안에 접어두게 된다. 나는 유명 브랜드만을 고집하는 것은 아니지만, 어른들 말씀이 생각난다. 싼값을 치르고도 충분히 만족한다면 가격보다 훨씬 더 가치 있는 것이다. 고가의 값을 치르고도 비싼 값만큼 충분히 만족하지 않는다면 그것은 가치 없는 소비가 될 것이다.

돈을 멋지게 사용하면 돈을 멋지게 사용하고 싶어 하는 사람들이 곁에 모이게 된다. 자신을 설레게 하는 꿈을 좇을 줄 아는 사람들이다. 우리가 사는 삶은 늘 누군가와 관계 속에서 이루어진다. 부자가 되고 싶어 하는 사람들은 부자들과 인맥을 맺어 영향을 받게 되고 '부자가 되는 습관'을 배우게 된다. 멋지게 살고 싶다면 멋진 삶을 꿈꾸는 사람들을 만날 곳으로 가야 한다. 좋은 옷과 좋은 액세서리 고가의 명품을 입은 것을 보고 '부자'라고 생각하는 곳에서는 꼭 그곳에서 원하는 모습을 해야만 대접을 받을 수 있다. 어떤 장소에서든 대접을 받고 싶다면 투자를 충분히 해야만 한다고 생각한다. 그것이 바로 그곳에서 자신이 얻을 수 있는 가치이기 때문이다.

"상대가 부자인지 아닌지는 상관없습니다. 그것보다는 그 사람이 어떻게 돈을 사용하는지를 봅니다."

세계 패션계에 혁명을 불러일으킨 코코 샤넬이 한 말이다. 샤넬은 샤넬 브랜드를 창시한 디자이너로서 여성 기업가이자 '끊임없이 사랑하는 여자'로도 알려져 있다고 한다. 다시 말해서 코코 샤넬과 같은 대부호도 돈을 사용하는 방법을 보고 그 사람이 자신과 어울릴 만한 가치가 있는 사람인지를 판단한다는 것이다.

행복한 부자가 되기 위해서는 우리는 물건의 가치를 먼저 아는 습관을 갖는 것이 중요하다고 본다. 물건의 가격보다는 가치를 아는 사람들이 내 주위에 함께 한다는 생각을 잊지 말고 작은 습관들을 바꿔보자. 물건을 고를 때 가격이 높고 낮음을 보기보다는 그것이 자신에게 얼마나 많은 가치를 부여하는지에 중점을 두고 생각하자. 아주 작은 것부터 고가에 이르는 물건을 살 때도 가치를 먼저 생각하자. 가치에 중점을 두고 물건을 고르다 보면 행복한 부자가 되는 길로 가는 시작이 될 것이다.

07

돈이 자신의 가치를
올려준다고
믿어라

'돈이 있으면 인생의 선택지가 늘어난다.'는 말을 들어본 적이 있는가? 나는 이 말을 듣고 행복한 상상을 하게 되었다. 돈으로 할 수 있는 여러 가지를 상상하게 된다. 하고 싶은 것들을 하게 만들어주는 유일한 도구이다. 하지만 할리우드의 어떤 여배우는 "성공과 행복은 같은 것이 아닙니다."라고 말했다. 행복을 느낀다는 것은 하고 싶은 일이나 원하는 것을 계속 떠올릴 수 있으며, 언제까지나 설렘을 간직할 수 있다는 것이다. 하고 싶은 일이나 원하는 것 바로 그것을 실현해나가는 사람이 바로 성공한 사람이다. 부를 이루는 원천은 먼저 부를 원하고 갈망하는 데서 시작된다고 믿는다.

　언제부터인지 돈을 모으면 사회에서 명성을 쌓아가는 많은 사람이 원하는 성공이 되었다. 완전히 목적과 수단이 바뀐 것이라고 생각된다. 그래서 성공했음에도 불구하고 불행한 사람이 많은 것 같다. 나는 돈을 정말 좋아한다. 그리고 돈이 있어야 행복하다고 생각한다. 그러나 그 반대의 경우 돈이 없어도 행복해질 수 있다는 사람도 있을 것이다. 틀린 생각은 아니다. 그렇지만 돈이 있으면 더 행복해질 수 있고, 많으면 더 행복해질 수도 있다.

　돈을 잘 사용하면 돈이 자신의 가치를 더 올려준다는 것을 말하고 싶다. 내가 보험 회사를 다닐 때도 작은 소품들을 선물로 만들어서 돌렸다. 어딜 가든지 빈손으로 가지 않았다. 언제나 집을 나서기 전에는 가장 깔끔하고 좋은 옷을 입고 가장 예쁘게 준비하고 나간다. 더 많은 결과를 얻기 위한 사전 준비를 하기 위해서 좀 더 나은 옷과 좀 더 예쁜 구두를 준비하고 좀 돋보이는 가방을 준비한다. 예정된 시간보다 훨씬 일찍 일어나서 정성껏 화장을 한다. 준비하는 시간에도 누군가를 만나는 상상을 한다. 그리고 '무슨 말을 할까?' 준비한다. 더 돋보이는 자신을 만들기 위해 내게 있는 모든 것을 활용한다. 그리고 소중한 시간을 투자하고 비용을 투자하면 할수록 자신의 가치는 시너지를 낸다.

돈을 버는 방법을 생각할 때 언제나 사람들은 돈을 잘 모아서 투자하는 것을 생각한다. 물론 맞는 말이기도 하다. 그러나 돈을 모으고 돈을 투자하는 투자금액이 아니라 돈을 잘 사용하고 자신의 가치를 올려놓으면 더 큰 결과를 가져다준다.

우리 사업을 하면서 우선 자신에게 먼저 투자하라고 한다. 특히 눈앞에 있는 것만 보는 것이 아니라, 끝에서 이루어질 일들을 이야기하는 직업이다. 그러다 보니 이미 먼저 그 자리에 가본 사람들의 이야기를 들으며, 자신이 원하는 삶을 미리 그려놓고 가는 일이다. 자신이 어느 위치에 서고 싶은지 어떤 모습이 되고 싶은지 자신의 설계도를 그려놓고 그 방향으로 가야만 한다. 우리는 설계도대로 갈 수밖에 없다. 그래서 우리는 먼저 자신에게 투자해야 한다. 무엇을 도구로 삼느냐에 따라 다르겠지만 우리는 주로 피부를 변화시키는 컨셉으로 최적화된 화장품을 취급한다. 그러다 보니 우리는 자신의 피부를 바꾸는 일은 필수이다. 무엇을 하기 전에 준비하는 일은 자신을 먼저 가꾸는 일부터 시작된다. 선행되는 투자는 자신의 가치를 반드시 올려주기 때문이다.

사람들은 돈을 벌기 위해 방법만 찾는다. 먼저 준비하는 것은 필수임에도 불구하고 준비 없이 사람들을 만난다. 그럴수록 우리는 우리가 바라고 원하는 사람들을 만날 수 없다. 매번 준비 없이 살아가는 사람들,

미래는커녕 눈앞의 일이 급급해서 한번 한 실수를 반복해서 저지르는 악순환 속에서 만난 사람들이 대부분이다.

"부자가 되고 싶다면 어떤 부자가 되고 어떤 삶을 살고 싶은지를 먼저 생각해야 한다." 이렇게 정의되어 있는 책은 넘쳐난다. 그리고 부자가 되고 싶다면 부자처럼 행동하라는 이야기정도는 다 들어봤을 것이다.

사업자 L은 가지고 싶은 차를 미리 스크랩해두고 '언제까지 꼭 갖겠다.' 하며 소소한 소품 그리고 명품 가방에 이르기까지 버킷리스트를 시각화해둔 사람들이 많다. 이런 것 하나만 봐도 이것을 하는 사람과 하지 않는 사람의 차이는 확연히 다른 결과를 가져온다. 우선 생각보다 빨리 결과를 얻는 사람들이 많아진다. 무엇보다도 빨리 앞당기려는 마음이 앞서다 보니 다른 사람들보다 시간을 아껴서 일에 집중하게 된다. 오로지 목표에만 집중하다 보니 다른 것들이 잠시 소원해질 수 있지만, 그들의 다른 점은 오로지 목적만 본다. 그리고 반드시 이룬다.

어떤 이들은 이미 타고 싶은 차를 매장에서 미리 보고 시승도 해보면서 예약해둔다. 자신의 미래를 미리 앞서서 정의하고 준비하는 자세가 반드시 자신의 가치를 올려주는 일이라고 믿는다. 자신이 무엇을 하겠다고 하면 자신의 마음에 불을 미리 지피고 목표에 집중하는 시간과 비용의 투자야 말로 자신의 가치를 올리는 또 하나의 방법임을 말해준다.

젊을 때부터 나는 손이 크다는 소리를 들었다. 무엇을 해야겠다 마음을 먹으면 먼저 저지르고 뒷수습을 하는 편이다. 집을 살 형편이 아닌데 내 집 마련의 꿈을 이뤄야겠다고 마음먹고 빌라를 샀던 적이 있다. 그 결과 더 부지런해져야 한다는 생각에 게으를 수가 없었다. 그리고 다른 일들을 찾아서 더 많은 돈을 벌어야 한다는 생각을 계속하다 보니 내게 기회로 찾아온 것이 네트워크 사업이었다.

내 주위에 많은 사람이 대부분 '그런 일이 어디 있냐? 과연 그런 일이 될까?' 의심하고 성공하지 못한 유형들을 나열하며 내 열정을 꺾으려 했다. 처음에는 내 열정에 못 이겨 물건이나 하나 사주자 하는 마음도 어느새 되면 좋겠다. 될 수도 있겠다. 너 하는 거 봐서 자신도 숟가락 하나는 얹혀 놓고 싶은 마음에서 동참했다가도 잘 되지 않으면 여전히 비난을 쏟아 붓는 사람들이 태반이었다.

그런데도 신기하게 내 일에 대한 자부심과 열정이 강해졌다. 단 한 번도 되지 않는 사업이라는 생각을 갖지 않았다. 아마도 나는 이 사업을 통해 내가 꼭 이뤄야만 하고 내가 살고 싶은 삶의 목표만 생각했던 사람인 것 같다. 수많은 비난에도 '오로지 내가 무엇이 되겠다.' 끝자락에 내가 증명해 보일 자신의 모습에 가치를 두었던 것이 분명하다. 돈 때문에 겪어야 했던 일화들이 참 많았다. 본의 아니게 타인에게 실수를 했던 적도 있다. 그때 힘들었던 기억이 조금은 남아 있지만, 사실 어느 때부터인가 내가 과연 가난하고 힘들었을 때가 있었나? 하는 사치스럽기까지 한 생각을 한다.

지금 목적지에 도달하고 또 다른 꿈을 이루기 위한 삶을 살고 있다. 힘든 과거보다는 지금의 내가 있기 위한 젊은 날의 시간을 눈부신 미래에 투자한 사람이라는 생각을 했다.

그런 이유인지 내 선택에 대한 후회가 없다. 그리고 그렇게 투자한 시간과 젊음이 눈부신 미래에 투자되었다는 것에 진심으로 감사한다.

내가 이뤄야 할 목표에 살고 싶은 위치에 가치를 두고 살다 보니 힘들 때 좌절하지 않고 살 수 있었다. 젊은 시절에 무모하고 어설픈 자신에 대한 기대에 한계를 두지 않고 끊임없이 투자할 수 있었다.

사람들은 무엇을 투자한다고 하면 모두 돈을 먼저 생각한다. 하지만 '시간은 곧 돈이다.'라는 나만의 신념으로 살면서 돈보다 내 젊음을 투자하고 얻어내야만 하는 결과치를 위해 금보다 귀한 시간으로 투자했다. 젊은 시절에 방황하고 잠시 길을 잃을 때도 있었다. 하지만 목적을 잃지 않고 달렸다. 젊은 시간을 전부 쏟아부었다.

지금 이렇게 말할 수 있어서 속이 시원하다. 타인들의 따가운 눈초리가 아직은 있고 평범한 이들에게는 되지 않는 일이라고 쉽게 포기하는 사람들이 아직도 많다. 수많은 경제학자와 부자들이 예측해놓았다. 부자가 되는 일, 부자로서의 삶을 살 수 있도록 지속적인 파이프라인을 구축하기 위한 한 가지 방법으로 네트워크사업을 말한다.

'잠자는 동안에도 돈이 들어오는 방법을 찾지 못한다면 당신은 죽을 때까지 일을 해야만 할 것이다.' 워런 버핏의 명언에 동참하고 싶다면 '나보다 나은 사람들과 어울리는 것이 좋다. 그러면 그 좋은 행동의 방향으로 흘러가게 되리라.' 지금 당장 주위에 있는 사람들을 골라내는 일에 주력하라. 그리고 자신이 옳다고 믿는 것에 시간을 투자하라. 투자한 시간이 돈으로 바뀌어 당신의 삶을 바꿔놓을 미래 가치에 두라.

사람들은 필요할 때와 갖고 싶은 것이 있을 때 돈을 쓴다. 사토 도미오는 "부자가 된 뒤 고급 차가 가지고 싶게 된 것이 아닙니다. 고급 차를 가지고 싶었기에. 비로소 저는 그것을 살 수 있는 부자가 된 것입니다. 욕망이 있고 꿈이 있으면 그에 어울리는 사람이 되어 결국 돈을 손에 넣게 됩니다. 이것이 부자가 되기 위한 가장 중요한 요소입니다"라고 말했다. 자신이 욕망의 가치에 끊임없이 돈을 투자할 마음을 먹어라. 돈을 벌기 위한 시간을 투자하는 것이 아니라 돈은 나의 가치를 올려주는 도구라는 확신을 가지고 돈을 써라. 돈이 없다면 시간을 써라. 당신이 바라고 원하는 모습에만 가치를 두고 가자. 그러면 지금 바로 행동하게 될 것이다.

08

남을 위한
일일수록 행복한
마음으로 하라

우리는 살면서 무엇을 했을 때 가장 행복한가? 삶에서 느끼는 행복은 각자 다른 곳에서 느낄 것이다. 가족들과 맛있는 식사를 하고 다툼 없이 살아가는 모습일 수도 있고, 서로의 마음을 잘 전달하고 의사소통이 잘 되는 것에서 행복을 찾기도 할 것이다.

나와 내 가족이 누리는 일상에서 서로에게 무엇인가를 해주지 않아도 느낄 수 있는 행복은 가족이 아니면 안 되는 것이다. 물론 가족 중에서도 유난히 이기적이고 배려심 없는 사람도 있을 것이다. 하지만 대부분 많은 것을 희생하지 않고도 가족이라는 이유로 다른 사람보다는 서로에 대한 이해가 조금은 더 빠를 것이다.

하지만 캐서린 폰더의 『부의 법칙』에서는 "고도화된 문명 세계에서 아직도 가난이 존재하는 이유는 많은 사람들이 이 인생의 기본 법칙을 모르고 있기 때문이다. 흡수하기 위해서는 발산해야 함을, 발산하면 흡수하게 됨을 깨닫지 못하고 있기 때문이다. 받기 전에 먼저 주어야 하며, 수확하기 전에 먼저 씨를 뿌려야 하는 것이다. 내어주지도 않고 씨를 뿌리지도 않으면 결코 부를 향한 통로에 들어설 수 없다."라고 말하고 있다. 누군가에게 씨를 뿌리는 일도 먼저 주기도 원한다. 먼저 주려는 마음에서 행복은 시작되기도 한다.

나는 언제나 남에게 받는 것보다 주는 기쁨에 익숙한 삶을 살았다. 누군가에게 받으면 꼭 그 배로 해줘야 한다는 생각이 자리 잡고 있어서일까? 그렇게 형편이 넉넉하지 않을 때도 내게 있는 남은 하나까지 줘야 직성이 풀리는 성격이었다. 처음엔 생각 없이 그냥 그렇게 하는 것이 편하고 즐거워서 했는데 하다 보니 다 주고 나서 내 것이 없을 때 즐겁지 않았다. 후회하는 맘이 들거나 다시는 그러지 말고 내 것은 남겨 둬야지 하다가도 천성이 어디 가지는 않았다. 항상 내 손에 내 것은 없지만 스스로 행복해했던 것 같다.

그러나 남에게 베푸는 일일수록 더 진심을 담아야 함을 깨닫게 되었다. 베푸는 마음에 대가를 바라는 마음이 조금이라도 생긴다면 타인을 위해 아무것도 하지 않는 것이 낫다는 생각을 여러 번 한 적이 있다.

네트워크 사업의 특성상 하위 사업자가 잘되어야만 모두가 잘되는 일이다 보니 누구나 즐겁게 팀을 후원할 수밖에 없다. 우리 사업자 중에 한 사람 P 사업자는 잘 베풀고 나누면서 후원을 했다. 그리고 그들의 성장을 돕는 강의와 미팅을 통해서 새로운 사업자들이 제대로 일을 배울 수 있도록 후원하는 일을 게을리하지 않았다. 하지만 사업자의 사업이 확장되는 내내 자신의 시간을 투자하고, 물질적 후원을 아끼지 않았음에도 불구하고 그는 늘 이기적인 욕심쟁이 사업자로 인식돼 있다.

왜 그런지 이유를 들어보면 받는 사람들은 당연하게 받아들이고 당연하게 베풀고 주는 입장에서는 한없이 후원해주는 일은 오히려 독이 됐다는 생각이 들었다. 일정 기간이 지나면 스스로 하게 하고 스스로 하게 하면서 자신도 누군가를 후원하는 사람이 생겨나면 P 사업자가 한 일을 자신이 하게 된다. 그러나 그 과정에서 언제나 자신이 받은 시간과 물질의 후원은 생각지 않고 감사함을 모르다 보니 자신이 해야 하는 일이 많다고 뒷말이 많아진다. 그래서 언제나 잘 해주고 욕먹는다고 투덜거렸다.

나 역시도 수없이 많은 사람을 만나면서 나눔과 베풂이 독이 되는 경우를 많이 봐 왔다. 지나치게 잘해주면 늘 안 해주느니만 못한 결과가 나오고, 후원을 해주다 보면 타인과 비교하여 단두대에 오르기 바쁘다. 때로는 그 수위를 조율하지 못해서 지나치면 안 하느니만 못한 결과를 만날 때 참 난감하다. 이런 경우들을 가만히 생각해보면 부자 마인드를 가진 사람보다 가난한 마인드가 몸에 배어버린 사람들인 것 같다.

돈과 부와 성공을 함께 내 것으로 만들 수 있는 첫 번째 조건은 언제나 '감사한 마음'을 먼저 갖는 것이 가장 중요하다는 생각을 해왔다. 감사한 마을을 가지고 누군가의 베풂을 받는 사람과 그렇지 못한 사람들의 차이는 어마어마하다. 반대로 타인을 위한 일들을 하면서 내가 할 수 있음에 감사하면서 하다 보면 어느새 기쁨이 배가 되고 그로 인해 나에게 오는 행복감은 배가 된다. 만약 그런 마음을 갖고 남을 위한 일을 하는 사람은 타인에게 서운한 마음을 가질 수밖에 없다.

부를 위한 기본 원리를 적용하면 수학 공식처럼 명명백백하고 확실한 결과를 낳는다. 과학자들은 이런 원리를 가리켜 작용과 반작용이라고 표현한다. 어떤 사람들은 수요와 공급이라고도 한다. 성경에서는 부에 대한 기본 원리를 씨를 뿌리고 수확하는 것으로 비유했다.

에머슨은 이를 보상의 원리라고 표현했다. 그는 『보상』이라는 에세이에서 다음과 같이 주장했다. "당신이 하는 모든 노력에 보상이 있을 것이다. 보상이 늦으면 늦을수록, 당신에게는 더 크게 이루어질 것이다. 복리에 복리를 더하는 것이 신이 베푸는 관례이고 법칙이기 때문이다." 받기 위해서는 먼저 주어야 하고 주는 것이 있으면 반드시 보상이 있다는 사실! 이것이 바로 부를 이루는 기본 원리이다. 에머슨은 그것을 가리켜 '법칙 중의 법칙'이라고 강조했다.

보상의 원리가 인생의 기본 원리라고 강조한 에머슨의 생각에 나도 격한 동의를 한다. 이 부의 기본 원리를 '발산'과 '흡수'라고 표현해놓은 사람도 있었다.

원인이 있기에 결과가 있고, 주는 것이 있기에 받을 수 있다. 즉 아무 노력도 하지 않았는데 거저 얻을 수는 없다고 생각한다. 누군가에게 베푸는 마음을 무한정 행복한 마음으로 하기는 무척 어려운 일이라는 생각을 한다. 하지만 남을 위한 일들이 감사함에서 시작한다면 무조건 가능한 일이라고 본다. 누군가를 위한 일을 하다 보면 그것이 결국 내게 오는 경우가 많다. 누군가의 호의를 기쁨으로 받아들이지 않는 이들에게 베푼 것 들은 다시 베푼 사람들에게 되돌아오는 경우도 많다.

부자들은 타인을 위한 일들을 기꺼이 기쁘게 하는 여유를 가진 사람들이라고 정의하고 싶다. 식사를 대접 받는 것이 습관이 된 사람들은 평생 얻어먹기만 한다. 결코 다른 사람에게 식사를 대접하는 사람이 되지 못한다. 언제 어디서나 지갑 열기를 게을리한다. 내가 유일하게 식사를 자주 하는 한 사람은 내 나이 또래의 예쁜 여성이다. 만나면 항상 즐거움이 배가 된다. 그녀와 나는 누가 먼저라고 할 것 없이 계산대 앞에 먼저 서야만 하는 사람들이다. 내 주위에는 이런 사람들이 참 많이 있다.

남을 위한 일에 기꺼이 동참하고 남에게 베푸는 것을 즐기는 사람들이 많으면 세상은 더 즐겁고 행복하게 살아질 것이다. 이런 여유를 즐기기 위해서는 자신이 먼저 여유롭고 행복한 삶을 추구해야만 한다. 어쩌다 마음먹고 봉사대열에 끼어서 팔을 걷어붙이고 하는 선행보다는 자신의 주변에 있는 사람들에게 따듯하고 감사한 마음을 전하는 행복한 사람이 된다면 얼마나 좋을까?

매번 만날 때마다 작은 선물을 준비해서 정성스럽게 내어놓는 멋진 L과 K 사업자가 생각난다. 일상에서 소소한 불편함을 말할 때마다 며칠 지나지 않아 우리 집으로 배달이 되어있다. 처음엔 생각 없이 말을 했다가 지금은 무엇을 봐도 좋다는 말을 조심해야 할 정도이다. 나는 매번 그들에게 감탄한다. 누구도 따라 할 수 없는 센스가 넘치는 사업자들이 정말 사랑스럽다. 나도 저런 센스를 가지고 있으면 더 좋겠다는 생각을 한다. 누군가를 기쁘게 하는 사람들은 다 이유가 있다. 원래 누군가를 위해

하는 일을 즐기고 거기서 오는 행복을 느끼는 사람이지 않고서는 할 수가 없는 일이다.

물론 서로 주고받는 마음이 작용하면 더욱 즐겁게 할 사람들이다. 우리는 이토록 사랑스러운 취미를 가진 사람들을 더욱 사랑하지 않을 수 없다. 여유를 가진 사람들이 되고자 한다면 사랑하는 부모님을 위해 무엇을 하고 싶은가? 사랑하는 남편에게 해주고 싶은 것은 무엇인가? 자신이 가장 사랑하는 자녀들에게는 무엇을 해주고 어떤 삶을 살게 해주고 싶은가? 자신을 위해 무엇을 하고 싶은가? 그리고 자신을 아끼고 사랑하고 끊임없이 응원해주는 사람들을 위해 무엇을 해주고 싶은가?

우리는 누군가에게 무엇을 해주고 싶은 마음을 가져야 한다. 누구나에게 그것이 내가 부자가 되고 싶은 이유 중에 하나가 될 테니까 말이다. 무엇인가를 해야 한다면 먼저 감사함으로 하자. 그리고 남을 위한 일일수록 행복한 마음으로 하자. 자신에게 베풀 수 있는 여유와 마음을 주신 하나님께 감사하자. 베풀고 주는 마음도 타인을 위한 일들도 하나님이 주신 달란트가 있어야만 가능한 일이라는 것을 알게 될 것이다. 행복한 부자가 되는 길은 누구에게 무엇을 하든 행복한 마음으로 한다면 행복감이 배가 되는 것을 경험해보라.

09

당신도
월세 받는 부자로
은퇴할 수 있다

사람들은 누구나 노후에 돈 걱정 없이 살고 싶어 한다. 많은 사람들은 매달 꼬박꼬박 월세 나오는 건물을 갖고 싶다고 말한다. 그리고 노후에 연금 받는 사람이 가장 부럽다고 한다. 모두 노후에는 일하지 않고 돈이 들어오는 삶을 살고 싶어 한다.

우리는 다양한 직업을 통해서 돈을 번다. 직업 중에서는 퇴직 후에도 오랫동안 연금을 받을 수 있는 공무원을 가장 부러워한다. 부자가 되기 위해서 많은 사람들이 다양한 직업을 갖고 싶어 한다. 사람들은 조금 더 편안한 노후와 안정된 삶을 살기를 원한다.

　사람들은 월세 받는 일이라면 대부분 부동산을 말한다. 하지만 나는 월세 받는 부자로 은퇴 없이 일할 수 있는 네트워크 사업을 하길 권한다. 그러나 믿는 사람과 믿지 않는 사람들이 있다. 평범한 사람이 부자가 되는 유일한 길이다. 돈 없이 돈을 벌 수 있는 사업이라고 말을 하면 어떤 이들은 공감만 한다. 또 어떤 이들은 자신의 일이 아니라고 생각한다. 그리고 아무리 말해도 받아들이지 않는다. 다음 사례의 경우가 그렇다.

　내가 아는 50대 S는 시골 작은 동네 미용실을 30년째 운영하는 원장님이었다. 동네 할머니들과 언니들 머리를 염색해주고 파마도 해주며, 근근이 자녀 둘을 키우며 가정을 꾸려나갔다. 아프신 어머니도 봉양하면서 정말 부지런히 일하고 허리 펼 새 없이 일했지만 그녀가 손에 쥐는 돈은 고작 월 200만 원 정도였다. 나는 오래전부터 고생하지 말고 이 사업을 해보라고 권했다. 그녀는 판매하는 일이라는 생각을 버리지 않았다. 그리고 지금도 여전히 동네에서 염색을 하고 파마를 해서 노동의 대가로 돈을 벌고 있다.

　반면 똑같은 시골 미용실 K 원장님은 처음에 똑같이 판매하는 일처럼 생각하고 시작을 했다. 그러다 최근에는 네트워크 사업을 제대로 하기 시작하면서 그는 월 천만 원의 소득을 받고 있다. 그리고 지금 받는 소득보다 안전한 네트워크를 구축하면 수익은 지속적으로 더 상승한다는 것을 알았다. 그리고 소득에 한계가 없는 일이다 보니 어제보다 오늘 더 즐겁게 열심히 일한다. 미용 일을 하면서 허리가 아프고 손가락 마디마디가 부어서 더 일을 할 수 없는 건강을 잃는 상황에까지 놓였던 그녀가 미용 일보다는 우리 사업에 더 많은 시간을 쏟기 시작한 것은 불과 1년도 채 안 된다.

분명 이 두 사람에게 나는 똑같이 정보를 주었다. 한 사람은 이야기를 듣고 그냥 흘려보냈고, 다른 한 사람은 보이지 않지만 믿고 함께했다는 것이 다른 점이다. 그로 인한 결과로 확연히 다른 삶을 산다. 자신의 생각과 고집스러움으로 힘든 노동을 하면서 변화하지 않고 살아가는 사람들이 어디 그녀뿐이랴?

지금 주위의 부자들이 부자가 될 수 있는 조언을 말해줄 때 자신의 생각을 내려놓고 부자의 조언을 받아들인다면 당신의 인생은 놀랍게 달라질 것이다. 나는 지난 12년간 많은 성공자들을 보아왔다. 백이면 백 모두 처음엔 자신이 할 수 없을 것이라고 했다. 그러나 모두에게 나는 할 수 있다고 말했다. 누구나 자신이 모르는 세상이 있다는 것을 잊어서는 안 된다. 결국 자신이 모르는 세상이 있다는 것을 믿어야 한다. 우리는 지금

밤인데 미국은 지금 아침이라는 사실이 믿기지 않지만 당연히 받아들이고 믿어야 하는 것처럼 말이다.

누구에게나 똑같은 이야기를 전하고 말하는데도 결국 선택하고 행동하고 성공하느냐는 본인의 의지와 마음가짐에 달려 있다.

나는 20대에 보험회사에 입사하여 약 5년간 보험 영업을 했다. 열정에 불타서 내 일처럼 열심히 했다. 무엇보다 돈을 벌기 위해서 더 열심히 했지만, 해도 해도 끝이 보이지 않았고 어느 날 문득 내가 무엇을 위해 일하는지 고민도 했다. 결국 내가 아무리 일해봤자 결국엔 퇴직금 하나 없는 일이구나! 알았을 때 갈등하기 시작했다. 물론 미래를 영원히 보장받을 수 없는 직업이라는 것도 깨닫게 되었다. 다람쥐 쳇바퀴 도는 직장생활이나 별다를 게 없다는 생각에 실망감이 들 때 눈을 뜨게 해준 네트워크 사업을 만나서 지금의 내가 존재한다.

네트워크 사업 사업을 소개해준 입사 동기는 결국 자신은 일을 하지 않았다. 똑같은 시기에 만나서 나는 보이지 않지만 믿고 사업을 시작하고 그는 당장 보이지 않기 때문에 하지 않은 차이가 있을 뿐이다. 나는 지금 파이프라인을 구축하고 지금은 건물 없이도 매달 200억짜리 건물 월세보다 훨씬 더 많은 돈을 벌고 있고 그는 지금 평범한 가정주부로 늙어가고 있다. 나는 시간이 지나도 계속 수입을 창출하는 일을 한다. 건물주가 아닌 네트워크 사업으로 단단한 수익을 얻고 있다. 지금 이 순간에도 누군가는 잠자는 동안에도 수익이 발생하는 일을 하고 있다. 그렇다고 매달 고정비를 지출하고 있는 점포가 있는 것도 아니다.

『가장 빨리 부자 되는 법』의 저자 알렉스 베커는 이렇게 말했다. "사람들은 안락한 구역에 머무르면서 자신의 행동을 바꾸지 않으면 결국 자신의 소득 또한 변하지 않으리라는 사실을 알고 있다. 그런 생각 때문에 곧 줄 지은 차량들로 꽉 막힌 출근길이 짜증나기 시작한다."

자신의 직장과 삶의 방식이 싫지만 벗어나지 못하는 사람들을 '트래픽 파이터'라고 말한다.

트래픽 파이터란 그저 9시부터 오후 6시까지 직장에서 일하는 사람들이 아니다. 자신이 하는 일을 싫어하면서 그 시간에 다른 일을 하고 싶어하는 사람들만을 이르는 말이다. 알렉스 베커는 자신이 원하던 직장을 다니면서도 사장이 되면 혼자서 돈을 더 많이 벌 수 있음을 알고 늘 화가 났다.

그는 회사를 그만둬도 될 정도로 사업을 키우기 위해 틈날 때마다 일하기 시작했다. 퇴근 후에도 집에 돌아와 일했다. 자신이 아는 모든 사람이 밤새 게임을 하고 술을 마실 때도 그는 일을 했다. 그는 2개월 후 월급을 제외하고 자신의 사업으로 한 달에 2만 달러 이상을 벌었다. 그는 과감히 직장을 그만두고 절대 뒤돌아보지 않았다.

삶이 괴로웠기 때문에 과감히 행동해야겠다는 마음을 품을 수 있었다. 그 행동 덕분에 그는 스스로를 독려해 더 멀리 나아갈 믿음을 얻었다. 더 멀리 나아가면서 자신의 재산과 수입을 통제하는 방법도 배울 수 있었다. 앨리스가 빠진 토끼굴과 다름없는 곳으로 더 깊이 들어가면서 나는 수백만 달러를 버는 데 필요한 사고방식과 믿음을 더 배웠다. 나는 결과적으로 성공한 사람들은 모두 지녔지만 성공하지 못한 사람들은 모두 지니지 못한 핵심, 믿음을 알게 됐다.'고 말이다.

나는 알렉스 베커의 말을 인용하면서 통쾌함마저 든다. 결국 내가 사업을 시작한 것도 믿음으로 시작되는 사업이었음을 강조하고 싶다. 언제나 많은 정보를 듣고 사람들은 자신의 미래를 위해 고민하면서도 정작 자신이 가지고 있지 않은 돈으로 돈을 벌려는 사람들이 많다. 정작 자신의 판단을 믿는 믿음과 현실에는 보이지 않지만 그렇게 될 것을 믿는 믿음이 자신의 은퇴 후에도 월세 받는 부자로 만들어줄 수 있음을 믿길 바란다.

수많은 직업과 연령대의 사람들과 함께 일하는 사업이다 보니 여러 사람이 있지만, 나와 함께 일하는 G 사업자는 상가 건물을 많이 보유하고 월세 받는 부모님 밑에서 자랐다. 남들은 건물주를 부러워할 때 그녀는 건물주의 어려움을 누구보다 잘 알고 있었다. 그녀는 그런 어머니의 추천으로 네트워크 사업 사업을 시작하게 되었다. 결국 지금은 우리 사업으로 월세 받는 부자로 살아가고 있다. 30대에 월세 2,000만 원이라는 돈은 50억짜리 건물의 가치가 있는 돈이다. 그녀가 30대라는 것을 놓고 계산했을 때 은퇴까지 그녀가 벌어들일 수 있는 수익과 투자가치는 얼마나 될까? 하지만 우리 일은 은퇴가 없는 일이고 상속마저도 가능한 일이다.

사람들은 부자가 되기를 원하면서 반대되는 행동들을 한다. 시작조차 안 해보고 단념한다. 자신이 위대하다거나 부자가 될 자격이 있다고 믿지 않기 때문에 심지어 성공하려는 시도조차 하지 않는다. 그들은 여전히 평범한 사람처럼 행동하면서 부자가 되고 싶어 한다. 도전하지 않고 안전한 길만 간다. 그리고 컴포트 존을 절대 떠나지 않는다.

언제까지 당신의 시간과 노동력을 돈으로 맞바꾸는 직장에 앉아서 남의 돈이나 벌어줄 것인가! 지금 당장 네트워크 사업을 시작하라. 당신도 월세 받는 부자로 은퇴할 수 있다.